Como dizer tudo em italiano

Fale a coisa certa em qualquer situação

Ron Martinez
Patricia Peterle

Como dizer tudo em italiano

Fale a coisa certa em qualquer situação

ALTA BOOKS
EDITORA
Rio de Janeiro, 2018

Como dizer tudo em italiano - Fale a coisa certa em qualquer situação
 ISBN: 978-85-508-0354-8

Impresso no Brasil.

Obra disponível para venda corporativa e/ou personalizada. Para mais informações, fale com projetos@altabooks.com.br

---

Editoração Eletrônica
Futura

Revisão Gráfica
Edna Mariflor Benlla Rial Rocha e Edna Rocha

Copidesque
Vania Maria da Cunha Martins Santos

Produção Editorial
LTC Livros Tec. Cientif. Editora Ltda – CNPJ: 33.829.698/0007-05

CIP-Brasil. Catalogação na fonte
Sindicato Nacional dos Editores de Livros, RJ

M337c Martinez, Ron
Como dizer tudo em italiano: fale a coisa certa em qualquer situação / Ron Martinez, Patricia Peterle - Rio de Janeiro: Alta Books, 2018.
il.; 24 cm.

Apêndice
ISBN: 978-85-508-0354-8

1. Língua italiana - Conversação e frases. 2. Língua italiana - Compêndios para estrangeiros - Português. I. Título.

15-21116. CDD: 458.24
CDU: 811.131.1'243

ALTA BOOKS
E D I T O R A

Rua Viúva Cláudio, 291 — Bairro Industrial do Jacaré
CEP: 20970-031 — Rio de Janeiro - RJ
Tels.: (21) 3278-8069 / 3278-8419
www.altabooks.com.br — altabooks@altabooks.com.br
www.facebook.com/altabooks

Sumário Geral

Sumário Detalhado

Material Suplementar

Este livro conta com o seguinte material suplementar:

- Áudios

O acesso ao material suplementar é gratuito, bastando que o leitor entre nos site www.altabooks.com.br e procure pelo nome do livro.

Como dizer tudo em italiano

Fale a coisa certa em qualquer situação

Introdução

A série *"Como dizer tudo em..."* está crescendo com mais este volume: *Como Dizer Tudo em Italiano*. O objetivo fundamental é trazer para você as frases mais usadas, as expressões mais comuns, um vocabulário variado e moderno, enfim *"a língua viva italiana"*.

Como Dizer Tudo em Italiano é um livro de fácil consulta; de fato, seu sumário é bastante completo e detalhado. Além disso, é dividido em grandes temas centrais que, por sua vez, possuem subdivisões. A última parte, o apêndice, é uma espécie de dicionário, dividido em treze grupos semânticos: trabalho, família... que podem ser muito úteis para você.

Certamente, este não é um livro didático nem um guia de viagem. É um manual de consulta. Por exemplo: se você conhece um italiano numa festa, como falará com ele? Aqui você poderá encontrar alguns caminhos para esta e outras conversas e situações.

Este material não é dirigido a um grupo seleto, ao contrário, é indicado para todos aqueles (jovens, adolescentes, adultos...) que queiram usar ou precisem, de alguma maneira, da língua italiana.

Em relação à leitura, não existe uma maneira melhor de ler. Existe aquela tradicional – do início ao fim, porém cada um deve traçar o seu percurso, mantendo, sempre que possível, um grau de curiosidade para ler as outras partes e, assim, poder até ser surpreendido por algo que não sabia. Ao mesmo tempo, por ser dividido em temas, você pode ler apenas os assuntos que lhe interessam naquele determinado momento.

A sensação de estar faltando alguma coisa ou de algo incompleto poderá surgir. Mas não se assuste, pois todas as línguas são sistemas infinitos e seria impossível dar conta de uma neste pequeno manual.

O capítulo *Duas Curiosidades da Língua Italiana*, escrito pela professora Katia D'Errico, tem como objetivo alertar o leitor para duas características da cultura italiana que influenciam a língua: uma é a relação entre *língua e dialeto*, e a outra é a importância e a diferença do uso de *tu e lei*.

Como Dizer Tudo em Italiano é uma ótima ferramenta para aprender certas expressões, palavras e até para tirar algumas dúvidas; basta manuseá-lo e lê-lo.

Gama extensiva de situações
Como Dizer Tudo em Italiano é dividido em várias seções: *Italiano Geral, Italiano Comercial, Italiano para Palestras e Reuniões, Italiano para Turismo* etc. Dentro delas, o leitor achará centenas de expressões de uso cotidiano e de usos mais específicos. Ao mesmo tempo que o leitor terá acesso às expressões do dia a dia, terá também acesso àquelas mais formais ou específicas. Contudo, apesar das divisões feitas no livro, seria quase impossível para a pessoa que precisa de Italiano Comercial não usar Italiano Geral, e vice-versa. Afinal de contas, a nossa vida não está dividida em partes e, além disso, não possuímos um controle tão rígido da nossa fala.

Cheio de dicas e conselhos sociolinguísticos
Um idioma é mais do que palavras. É cultura, costume. *Como Dizer Tudo em Italiano* leva em conta este fato e mostra de maneira adequada as grandes e sutis diferenças entre os dois idiomas.

Acho o português tão parecido com o italiano!
Tanto o italiano quanto o português são línguas neolatinas e, por isto, apresentam muitas semelhanças. Mas nem sempre podemos confiar nelas; os *falsos amigos* são um bom exemplo. Podemos até passar vergonha às vezes! Tendo um grande cuidado com esta e outras questões, *Como dizer tudo em Italiano* foi elaborado para que o aluno brasileiro possa perceber e estar atento ao modo de pensar e de se comunicar dos italianos.

Para quem é este livro?
Este livro é destinado a todos aqueles que precisam se comunicar em *italiano*.
Se você alguma vez precisou, precisa ou precisará usar o *italiano* em qualquer situação, *Como Dizer Tudo em Italiano* é uma ferramenta indispensável. Não importa o seu nível. O vocabulário é muito variado e vasto, e as situações são as mais diversas, por isto você sempre terá alguma curiosidade ou descobrirá algo novo.

Este livro é para meu nível?

Esta é uma das grandes vantagens deste livro! Ele pode ser lido, consultado por adultos e adolescentes que tenham qualquer conhecimento do *italiano*. É claro que, dependendo do seu grau de conhecimento, o seu uso será diferenciado.

Aqui você só precisa ter certeza do que quer saber e, lendo, encontrará.

Só as situações mais úteis

Embora uma língua tenha uma gama infinita de frases e situações, *Como Dizer Tudo em Italiano* visa cobrir aquelas mais importantes e comuns. Em outras palavras, "Como dar uma explicação durante uma reunião" e "Como pedir uma informação na rua" fazem parte deste livro. Apesar de serem completamente diferentes. O nosso objetivo é tentar dar conta das suas necessidades.

Companheiro perfeito para cursos de italiano/dicionários

Como Dizer Tudo em Italiano não tem nenhuma pretensão de ser um livro-texto ou até mesmo um dicionário. É somente mais um manual de apoio que você pode ter. Em *Como Dizer Tudo em Italiano* você encontrará frases prontas, expressões que poderão ser de grande ajuda durante um curso de línguas, que normalmente proporciona um ambiente para a prática e o aprendizado das regras, deixando de lado muitas vezes as expressões e palavras usadas no dia a dia.

Tenha a certeza de que o que está dizendo é o que as pessoas dizem normalmente

As expressões aqui contidas serão entendidas em qualquer lugar ou região. Procuramos evitar gírias e outros tipos de expressões que sejam momentâneas. O italiano coloquial é extremamente útil por isto.

Como usar o livro

Se, neste pequeno espaço, ditássemos as regras de como utilizar este livro, estaríamos limitando muito a sua leitura, estudo. Na verdade, existem *n* possibilidades para começar a lê-lo. Uma delas seria da maneira tradicional, partindo da primeira página e terminando na última. Em outras palavras, é o leitor quem deve escolher a sua rota preferida. As informações estão contidas aqui, em *Como Dizer Tudo em Italiano,* e é você que deve saber quais são aquelas mais importantes.

Variar e misturar para melhores resultados

O leitor de *Como Dizer Tudo em Italiano* terá um maior aproveitamento do livro ao não ficar preso somente em um determinado tema. A curiosidade é um dos fatores que aumentam o nosso conhecimento de mundo e também de uma determinada língua. Procure e leia o que você deseja, mas não desperdice as outras oportunidades.

Apêndices

Nos apêndices você encontrará algumas listas pertencentes a campos semânticos bem distintos, como *trabalho, família etc.* Ali estão palavras que poderão ser úteis em algum momento para você.

Introduzione

La serie "Como dizer tudo em..." aumenta con la pubblicazione di quest'altro volume: "*Como dizer tudo em italiano*". L'obiettivo principale è presentare le frasi più usate, le espressioni più comuni, un vocabolario vario e aggiornato, infine, "*la lingua viva italiana*".

Como dizer tudo em italiano è un libro facile da consultare, infatti il suo indice è ben completo e molto dettagliato. Oltre a questo, è diviso in grandi temi centrali che presentano anche suddivisioni. L'ultima parte, l'appendice, è una specie di vocabolario, diviso in tredici gruppi semantici tra i quali: *lavoro*, *famiglia*... che possono essere molto utili.

Ovviamente, questo non è un libro didattico, nè una guida. È un manuale di consultazione. Per esempio, se una persona conosce un italiano in una festa, come parlerà? Qui il lettore troverà alcune *piste* per questa ed altre conversazioni e situazioni.

Questo materiale è consigliato a tutti quelli (giovani, adolescenti, adulti...) che vogliono o hanno bisogno, in qualche modo, della lingua italiana.

Non c'è una miglior maniera di leggerlo, c'è quella tradizionale – dall'inizio alla fine del libro; però ognuno deve scegliere il suo percorso, mantenendo, possibilmente, un certo grado di curiosità per leggerne le altre parti e così poter anche essere sorpreso da qualcosa che non sapeva. Allo stesso tempo, la sua lettura può essere fatta a partire da alcuni temi, in questo modo è possibile leggere quelli che interessano in quel determinato momento.

La sensazione di star mancando qualcosa o di qualcosa di incompiuto è normale. Però il lettore non deve spaventarsi, infatti le lingue sono sistemi infiniti e sarebbe impossibile per questo manuale contenere la cosiddetta lingua italiana.

Il capitolo *Due curiosità della lingua italiana,* scritto dalla professoressa Katia D'Errico, ha come scopo lasciare il lettore attento a due caratteristiche della cultura italiana che influenzano la lingua: una è il rapporto tra lingua e dialetto, l'altra è l'importanza e la differenza tra l'uso dei pronomi *Tu* e *Lei.*

Como dizer tudo em italiano è un ottimo strumento per l'arrichimento di certe parole e espressioni colloquiali della lingua italiana.

Tante situazioni

Como dizer tudo em italiano è diviso in alcune parti: *Italiano generico*, *Italiano commerciale*, *Italiano per conferenze e riunioni*, *Italiano per Turismo*, etc... In esse, il lettore troverà espressioni colloquiali, formali e anche quelle più specifiche. Tuttavia, sarebbe quasi impossibile per uno che ha bisogno dell'*Italiano Commerciale* non usare quello *generico* e viceversa. La nostra vita non è divisa in parti e non abbiamo un controllo così rigido del nostro parlato.

Lingua e cultura

Una lingua è molto più che parole. È cultura, abitudini... *Como dizer tudo em italiano* considera questo aspetto della lingua, mostrando le differenze tra le due lingue/culture.

Penso che il portoghese sia molto simile all'italiano

Tanto l'italiano quanto il portoghese sono lingue neolatine e, perciò, si assomigliano. Però, molte volte si deve fare attenzione ai *falsi amici*. Quelle parole di cui si è sicuri di conoscere il significato perché si assomigliano con delle parole in portoghese, ma in verità, il loro significato è ben diverso. Stando attenti a questo ed altri fattori, *Como dizer tudo em italiano* è stato elaborato affinchè lo studente brasiliano possa rendersi conto del modo di pensare e di comunicarsi degli italiani.

Per chi è questo libro

Questo libro è destinato a tutti quelli che hanno bisogno di comunicarsi in *italiano*.
Como dizer tudo em italiano è uno strumento indispensabile, non importa il livello. Il vocabolario è molto vario e lungo, e le situazioni sono le più diverse, per questo la curiosità sarà lo strumento ideale per scoprire e imparare cose nuove.

Questo libro è per il mio livello?

Como dizer tudo em italiano può essere letto, consultato da tutti quelli che abbiano un qualsiasi livello di conoscenza della lingua italiana. Qui il lettore deve solo sapere ciò che vuole e leggendo lo troverà.

Solo le situazioni più utili

Nonostante la lingua abbia infinite frasi e situazioni, *Como dizer tudo em italiano* contiene quelle principali. *Come dare una spiegazione durante una riunione* e *Come chiedere un'in-*

formazione per strada fanno parte di questo manuale. L'obiettivo è soddisfare le necessità e le curiosità del lettore.

Il perfetto compagno per corsi d'italiano

Como dizer tudo em italiano non è un manuale didattico, o un vocabolario. È un manuale utile per chi studia la lingua italiana. In esso, le parole e le espressioni qui aggiornate possono complementare il corso di lingue, che di solito ha un ambiente propizio per la pratica e l'apprendimento delle regole grammaticali.

Ciò che si dice è quello che gli italiani dicono ?

Le espressioni e le parole contenute in questo manuale sono capite in tutte le regioni italiane. Perciò, tanto il dialetto quanto il gergo che fanno parte di gruppi molto specifici di parlanti sono stati evitati.

Come usare il libro

Se in questo piccolo spazio fossero date delle regole per l'utilizzo di questo materiale, la sua lettura sarebbe molto limitata. In verità, ci sono possibilità per leggerlo. Una è quella tradizionale, partendo dalla prima pagina e finendo con l'ultima. È il lettore che deve guidare la sua lettura, scegliendo il suo percorso. Le informazioni sono qui, in *Como dizer tudo em italiano*, basta trovarle e leggerle.

Mescolare per avere migliori risultati

Il lettore di *Como dizer tudo em italiano* potrà sfruttare di più questo manuale se non si limita ad un unico tema. La curiosità è uno dei fattori che aumenta il *backgroundknowledge* e anche la conoscenza di una determinata lingua. Si deve cercare e leggere le informazioni desiderate ma non dimenticare le altre informazioni qui contenute.

Appendice

L'appendice è composto da tredici elenchi, divisi in gruppi semantici ben distinti come: *In farmacia*, *Famiglia*, *Acquisti*, ... che possono essere utili in qualsiasi momento.

Dicas de Pronúncia

Muitas vezes não conseguimos nos comunicar por causa de um simples erro de pronúncia. E esta é uma situação muito desagradável para todos nós.

Um exemplo é quando queremos dizer TI AMO para uma pessoa querida, que significa *te amo,* e dizemos, sem querer, CI AMO, que não significa nada, apesar de as duas palavras *ci* e *amo* fazerem parte da língua italiana.

Tentaremos dar algumas dicas para evitar tais situações.

O Alfabeto

Aa	Bb	Cc	Dd	Ee	Ff
Gg	Hh	Ii	Ll	Mm	Nn
Oo	Pp	Qq	Rr	Ss	Tt
Uu	Vv	Zz			

Nos quadros a seguir, o primeiro referente às vogais e o segundo às consoantes, você poderá ter uma ideia de como cada letra é pronunciada. Se tiver mais alguma dúvida e quiser escutar a pronúncia poderá fazê-lo. Basta entrar no site da Editora Alta Books e procurar pelo livro *Italiano Urgente! para brasileiros.** Lá encontrá o que deseja e alguns exercícios para treinar.

* PETERLE, P. *Italiano Urgente! para brasileiros.* Alta Books: Rio de Janeiro, 2018.

As Vogais

a	como na palavra *amor*.	Amore
e	pode ter uma pronúncia aberta ou fechada. Se for aberta é como *era*, se for fechada é como *elefante*.	Erba vivEre
i	como na palavra *vida*.	vIta
o	pode ter uma pronúncia aberta ou fechada. Se for aberta é como *moda*, se for fechada é como *cozinheiro*.	mOda cuocO
u	como na palavra *uva*.	Uva

As Consoantes

b	como na palavra *bem*.	Bene
c	quando precede as vogais *e – i*, se pronuncia como na palavra *tia*, dita por um carioca. quando precede as vogais *a-o-u,* se pronuncia como nas palavras *casa*, *coco*, *curado*.	Città Casa CuoCo Cucina
d	como na palavra *dia*, dita por um habitante do sul do Brasil.	Dito
f	como na palavra *fada*.	Fata
g	quando precede as vogais *e* – i, se pronuncia como na palavra *dia*, dita por um carioca. quando precede as vogais *a-o-u*, se pronuncia como nas palavras *gato*, *antigo*, *Guiana*.	Gita Gelosia Gatto Goccia Guru
h	esta letra não representa um som, é somente um sinal gráfico.	–
l	como na palavra *lua*.	Luna
m	como na palavra *mãe*.	Madre
n	como na palavra *nariz*.	Naso
p	como na palavra *português*.	Portoghese
q	como na palavra *quando*	Quando
r	como na palavra *coração*.	cuoRe
s	como na palavra *sempre*. como na palavra *casa*.	Sempre caSa
t	como na palavra *tela*.	Tela
v	como na palavra *viagem*	Viaggio
z	estes sons não existem em português.	Zio Zero

Duas Características da Língua Italiana

Professora Katia D'Errico – UERJ

Língua e dialeto

Se tivéssemos que representar a Itália em um mapa das línguas faladas no mundo, se poderia pensar que todas as pessoas falam o mesmo idioma, isto é, o italiano. Porém sabemos que a língua muda no espaço e isto não significa que somente em nações diferentes são faladas línguas diferentes, mas também que no interior de um mesmo país uma mesma língua é falada de várias maneiras.

Esta diversificação pode ser verificada de modo particular quando se passa de uma região a outra, onde se encontra a variação regional de uma língua. Quando se diz que existem variações regionais do italiano se quer dizer, por exemplo, que um milanês e um romano, mesmo falando a mesma língua e entendendo-se perfeitamente, se exprimem cada um com a própria entonação e com pronúncia específica, além de muitas vezes recorrerem a termos italianos diferentes para indicar uma mesma coisa. Se um milanês pede a um padeiro de Roma dez "michette", este lhe perguntará de que coisa se trata; se um romano em um supermercado de Milão pede à caixa uma "busta", esta não saberá que o cliente deseja um saco plástico. Ou se, ainda em um bar de Milão, se pede um "cornetto", se poderá ouvir: *O senhor quer dizer um croissant?* E se em Nápoles um torinês ouve dizer que a "pastarella" de um determinado local é especial, talvez não saiba que se trata de um doce muito saboroso.

Maiores são as diferenças de linguagem entre dois italianos que falam dialetos de duas diferentes regiões: se um italiano do sul discutindo com um italiano do norte ouve a palavra "sberla", certamente não perceberá que este tem a intenção de dar-lhe uma bofetada.

Entendemos por italiano a língua que a partir do século XIV foi escrita e falada por pessoas cultas, utilizada para atos oficiais, porém as diferenças entre os vários "vulgares" a partir dos quais nasceu o italiano permaneceram porque cada linguagem local se desenvolveu separadamente e foi influenciada por motivos históricos variados. Por isto existem ainda hoje diversos dialetos italianos. Os provérbios são testemunhas vivas da sabedoria que reporta às recordações da memória e representam a continuidade do passado; são exemplos ricos da presença do dialeto: *Chi mi vò bene, appriesso mi viene* (provérbio napolitano, que em italiano significa: Quem me ama, me siga.).

Na Itália, a um deslocamento no espaço corresponde uma mudança gradativa no "falar" das pessoas. O número de dialetos é superior ao número de regiões e são diferentes entre si. Os dialetos representam a fusão, ocorrida nos séculos passados, entre língua local e língua de um país estrangeiro fronteiriço ou de um país invasor. Os dialetos de dois países vizinhos podem ser muito parecidos mas nunca serão idênticos. Se atravessarmos zonas entre as quais existe facilidade de comunicação as mudanças são progressivas; no entanto se duas zonas são separadas por obstáculos naturais que dificultam e diminuem as possibilidades de comunicação, será possível encontrar, mesmo com pequenas distâncias, diferenças muito fortes no falar das pessoas. Estes fenômenos de diferençiação se atenuam sempre mais porque em um país moderno como a Itália o desenvolvimento das comunicações contribui para a aproximação das pessoas.

Até a década de 1950, em muitas regiões italianas, falava-se somente o dialeto. Nas últimas décadas, inúmeros acontecimentos levaram gradualmente à prevalência de uma língua italiana comum, tanto na língua falada quanto na escrita. Trata-se de acontecimentos econômicos, como a migração interna por motivo de trabalho, políticos, como a unidade da Itália, sociais, como o aumento da obrigatoriedade escolar, e culturais, como a influência dos meios de comunicação.

Ao mesmo tempo, atualmente, na moderna sociedade italiana cresce o interesse em resgatar os dialetos, que fazem parte da memória do pais. Observamos manifestações, até na esfera institucional, como por exemplo, a inclusão do dialeto local como disciplina do currículo escolar.

É preciso alimentar as próprias raízes para garantir o testemunho do patrimônio cultural de um povo. É através da coexistência dos dialetos e do italiano que se pode enriquecer a vida e preservar a memória da nação.

O uso do "tu" e do "lei"

"Tu" e "lei" são pronomes pessoais de segunda e terceira pessoas, respectivamente. Em português eles correspondem a tu/você e senhor/senhora. Porém o uso destes pronomes segue regras diferentes de acordo com os falantes (italianos ou brasileiros).

Antigamente na Itália o pronome "tu" era pouco usado. Hoje as relações tornam-se sempre menos formais e o uso do "tu" vem se ampliando cada vez mais. Usamos o "tu"com as pessoas com as quais temos uma relação de amizade, assim como com os colegas, com os contemporâneos e com aqueles com os quais temos interesses em comum.

Mas não podemos esquecer o uso do pronome de cerimônia – *lei* – cada vez mais reservado às pessoas com as quais temos uma relação cerimoniosa, com os idosos, nas correspondências oficiais e comerciais. O uso de *lei* é muito mais difundido na Itália do que no Brasil. É conveniente utilizar o pronome *lei* com pessoas que não conhecemos. Por exemplo, se entramos em uma loja nos dirigimos à vendedora utilizando *lei*, mesmo que seja uma moça jovem. No sul da Itália o pronome de cerimônia é muito mais usado do que no norte.

Entre a Itália do norte e a do sul existe uma diferença quanto ao uso da forma de cortesia. É bom lembrar que no sul frequentemente observa-se o uso de *voi*, quando alguém se dirige a uma pessoa que não conhece, no lugar do pronome *lei*. Um italiano do sul cumprimenta uma pessoa com quem não tem intimidade dizendo: *Come state?* Enquanto um italiano do norte, na mesma situação, diria: *Come sta?*

As diferenças entre o setentrional e o meridional são tão fortes que se apresentam até no uso da língua, assim como o uso do registro formal e informal é bem diferente e deve ser respeitado.

Due Carateristiche della Lingua Italiana

Professora Katia D'Errico – UERJ

Lingua e dialetto

Se dovessimo rappresentare l'Italia su una carta delle lingue parlate nel mondo, si potrebbe pensare che in Italia tutti parlino la stessa lingua, cioè l'italiano. Però, sappiamo che la lingua cambia nello spazio e questo non significa che solo in nazioni diverse si parlano lingue diverse, ma anche che all'interno di una stessa nazione la stessa lingua è parlata in modi diversi.

Questa diversità si avverte in modo particolare passando da una regione all'altra, e quindi si parla di varietà regionale di una lingua. Quando si dice che ci sono delle varietà regionali dell'italiano si vuol dire ad esempio che un milanese e un romano, pur parlando entrambi italiano e comprendendosi perfettamente, si esprimono ciascuno con una propria intonazione e con una pronuncia particolare e spesso ricorrono a parole italiane diverse per indicare la stessa cosa. Se un milanese chiede a un fornaio di Roma dieci "michette", gli verrà chiesto di che cosa si tratta; se un romano a Milano chiede in un supermercato una "busta", la cassiera non capirà che intende parlare di un "sacchetto di plastica". Oppure se, ancora a Milano, si chiede un "cornetto", si rischia di sentire dal barista: Lei vuol dire *un croiss*ant ? E se a Napoli un torinese sente che la "pastarella" di un negozio è speciale forse non saprá che si tratta di un "pasticcino saporito".

Molto più grosse sono le differenze di linguaggio tra due italiani che parlino i dialetti di due diverse regioni: se uno del sud litigando con qualcuno del Nord sente la parola sberla, sicuramente non capirà che quello ha l'intenzione di dargli uno schiaffo.

Per italiano intendiamo la lingua che a partire dal '300 è stata scritta e parlata dalle persone colte, usata per gli atti ufficiali nei modi di parlare locali, però le differenze tra i vari "volgari" da cui è nato l'italiano sono rimaste, perché ogni linguaggio locale si è evoluto separatamente dagli altri, influenzato anche per motivi storici da lingue diverse. Per questo esistono ancora oggi i diversi dialetti italiani. I proverbi, testimoni viventi portatori della saggezza che attinge ai ricordi della memoria e rappresenta la continuità con il passato, sono dei ricchi esempi della presenza dialettale: *Chi mi vò bene, appriesso me vene.* (proverbio napoletano, che in italiano risulta: *Chi mi ama, mi segua.*)

In Italia, a uno spostamento nello spazio corrisponde un graduale cambiamento nel parlare delle persone. I dialetti sono più numerosi delle regioni e sono molto diversi tra di loro. Questi rappresentano la fusione, avvenuta nei secoli passati, tra la lingua locale e quella di un paese straniero al confine o di un paese invasore. I dialetti di due paesi vicini possono essere molto simili, ma non sono mai identici. I cambiamenti sono progressivi se attraversiamo delle zone fra cui c'è facilità di comunicazione; se invece due zone sono separate da ostacoli naturali che rendono rare e difficili le comunicazioni, è possibile trovare, anche con spostamenti di pochi chilometri, delle differenze molto forti nel parlare della gente. Questi fenomeni di differenziazione si attenuano sempre di più, poiché in un paese moderno come l'Italia, lo sviluppo delle comunicazioni contribuisce all'avvicinamento della gente.

Fino agli anni Cinquanta in molte regioni italiane si parlava soltanto il dialetto. Negli ultimi decenni, numerosi fatti hanno portato al graduale prevalere di una lingua italiana comune sui singoli dialetti, sia nel parlato che nello scritto. Si tratta di fatti economici, come la migrazione interna per motivi di lavoro, politici, come l'unità d'Italia, sociali, come il prolungamento dell'obbligo scolastico, e culturali, come l'influenza dei mass media.

Parallelamente, oggigiorno si vede che cresce, nella moderna società italiana, l'interesse di riscattare i dialetti come se si volesse conservare la memoria del paese. Osserviamo dei movimenti, anche a livello istituzionale, come, per esempio, l'inclusione del dialetto locale nel curriculum scolastico.

Bisogna nutrire le proprie radici per garantire la testimonianza del patrimonio culturale di un popolo. Attraverso la coesistenza dei dialetti e dell'italiano si arrichisce la vita e si preserva la memoria della nazione.

L'uso del tu e del Lei

Tu e Lei sono pronomi personali di seconda e terza persona, rispettivamente. In portoghese corrispondono al tu e você. Però l'uso di questi pronomi rispettano regole diverse, a seconda dei parlanti (italiani o brasiliani).

Una volta in Italia il *pronome tu* veniva poco usato. Oggigiorno i rapporti diventano sempre meno formali e l'uso del *tu* si stà ampliando molto di più. *Diamo del tu* alle persone con cui abbiamo stretti legami d'amicizia, così come ai colleghi, ai coetanei (quelli che hanno più o meno la stessa età), a persone che hanno interessi comuni.

Ma non possimo dimenticarci l'uso del pronome di cortesia – *Lei* – sempre più riservato alle persone con cui abbiamo un rapporto di cerimonia, agli anziani, alle corripondenze ufficiali, commerciali. L'uso del Lei è molto più diffuso in Italia che in Brasile. È bene dare del Lei alle persone che non conosciamo. Per esempio, se entriamo in un negozio ci rivolgiamo alla commessa utilizzando il Lei, anche se questa è una giovane ragazza. Nel Sud Italia il pronome di cortesia è molto più usato che nel Nord.

In Italia, tra Nord e Sud c'è una differenza nell'uso nella forma di cortesia. Vale a dire che al Sud non di rado si sente l'uso del *Voi* quando uno si rivolge a una persona che non conosce, al posto del pronome *Lei.* Quando un italiano del sud saluta qualcuno con cui non ha un legame stretto, di solito dice: *Come state?*. Mentre uno del nord, nella stessa situazione, direbbe: *Come sta?*

Le differenze tra il Settentrione e il Meridione sono così forti che si presentano anche nell'uso della lingua. Si vede, quindi, che l'uso del registro formale e di quell'informale è ben diverso e dev'essere rispettato.

TABELA DE PRONOMES EM ITALIANO – PORTUGUÊS

Muitas expressões neste livro têm um pronome que é variável segundo o sujeito ou o objeto. Na dúvida, consulte esta tabela.

Pronome sujeito	Pronome objeto	Pronome possessivo	Pronome reflexivo
eu	me	meu/minha; meus/minhas	me
io	**mi**	**mio/mia; miei/mie**	**mi**
você/tu	lhe/te	seu/teu	se/te
tu	**ti**	**tuo/tua; tuoi/tue**	**ti**
ele/ela	lhe	seu/sua; seus/suas	se
lui/lei	**gli/le**	**suo/sua; suoi/sue**	**si**
nós	nos	nosso/nossa; nossos/nossas	nos
noi	**ci**	**nostro/nostra; nostre nostri**	**ci**
vós (vocês)	vos	vosso/vossa; vossos vossas	vos
voi	**vi**	**vostro/vostra; vostri/vostre**	**vi**
eles/elas	lhes	seu/sua; seus/suas	se
loro	**gli**	**loro**	**si**

1

Italiano Geral 1

Expressões comuns em contextos específicos

Coisas que se falam quando as pessoas se encontram	Cose che si dicono quando le persone si incontrano

Das saudações *Bom-dia, Boa-tarde* e *Boa-noite* em português (*Buongiorno, Buonasera e Buonanotte* em italiano) só duas têm uso comum em italiano: *Buongiorno* e *Buonasera*. "Buonanotte" só se fala quando as pessoas já vão dormir.

Saudações e apresentações	Saluti e presentazioni

Registro Informal	Registro Informale
Oi.	Ciao.
Tudo bem?/Tudo bom?	Tutto bene?
Qual é o seu nome?	Come ti chiami?
Desculpe, qual é mesmo o seu nome?	Scusami, come ti chiami?
Oi, eu sou...	Ciao, io sono…/ io mi chiamo
Prazer.	Piacere.
Você conhece o João?	Conosci João?
Eu quero lhe apresentar...	Voglio presentarti...

Registro Informal	Registro Informale
Já ouvi falar muito de você.	Ho già sentito molto parlare di te.
A (Silvia) já me falou muito sobre você.	(Silvia) mi ha parlato molto di te.
Coisas boas, eu espero.	Cose buone, spero.
Não acredite em nada. É tudo mentira.	Non crederci. È tutto/falso.
Estava querendo muito conhecê-lo.	Volevo molto conoscerti.
Nossa! Finalmente vou conhecer você!	Madonna! Finalmente ti conoscerò!
Gostei de conhecê-lo.	Mi ha fatto piacere conoscerti.
Até mais.	A presto.

Registro Formal	Registro Formale
Bom-dia/Boa-tarde	Buongiorno/Buonasera
Como vai?	Come sta?
Qual é o seu nome?	Come si chiama?
Desculpe, qual é mesmo o seu nome?	Mi scusi, come si chiama Lei?
Olá, eu sou...	Salve, io sono.../ io mi chiamo...
Prazer.	Piacere.
O senhor conhece o João?	Conosce João?
Eu quero lhe apresentar ao...	Voglio presentarLe...
Já ouvi falar muito do senhor(a).	Ho già sentito molto parlare di Lei.
A (Silvia) já me falou muito sobre o senhor(a).	(Silvia) mi ha parlato molto di Lei.
Coisas boas, eu espero.	Cose buone, spero.
Não acredite em nada. É tudo mentira.	Non ci creda. Sono tutte bugie.
Estava querendo muito conhecê-lo.	Volevo molto conoscerLa.
Nossa! Finalmente vou conhecê-lo	Madonna! Finalmente La conoscerò!
Gostei de conhecê-lo.	Molto lieto(a) di conoscerLa.
Até mais.	A presto.

Reencontrando / Rivedendosi

Registro Informal	Registro Informale
Não acredito.	Non posso crederci.
Nossa! Quanto tempo!	Mah! Quanto tempo!
Que bom ver você!	Che bello rivederti!
Nossa! Há quanto tempo...!	Madonna! Da quanto tempo...!
Quanto tempo faz, hein?	Da quanto tempo?
Tudo isso?	Tutto questo?

Registro Informal	Registro Informale
Nossa! O tempo voa!	Mah! Il tempo vola!
Você está ótimo!	Stai proprio bene!
Nossa! Você emagreceu?	Come sei dimagrito(a)!
Soube que você (se casou).	Ho saputo che (ti sei sposato(a))
Você não mudou nada.	Non sei cambiato per niente.
Você está sempre bem.	Stai sempre bene.
Então, o que você anda fazendo?	Allora, cosa stai facendo?
Então, o que você tem feito de bom?	Allora, quali sono le novità?
Como vão as coisas?	Come vanno le cose?
O que você está fazendo agora?	Cosa stai facendo adesso?
Você ainda está trabalhando na...?	Lavori/ancora nella...?

veja também "Falando do trabalho", página 134.

Você está no mesmo telefone?	Il tuo numero di telefono è sempre lo stesso?
Você ainda mora em...?	Abiti/ancora abiti a...
Como está o (Ricardo)?	Come va (Ricardo)?
E as crianças? Como vão?	E i bambini? Come stanno?
Nós precisamos nos falar mais vezes.	Dobbiamo parlarci di più.
Vê se não some!	Fatti vivo!

Perguntas Pessoais / Domande Personali

Registro Informal	Registro Informale
Você é de onde?	Di dove sei?
O que você faz?	Cosa fai?
Você tem namorada(o)?	Ce l'hai il ragazzo/la ragazza?
Você é casado(a)?	Sei sposato(a)?
Você tem alguém?	Hai qualcuno?
Você tem filhos?	Hai figli?
Quantos anos você tem?	Quanti anni hai?
Qual é o seu signo?	Qual è il tuo segno?
Você gosta de....?	Ti piace...?
Onde você mora?	Dove abiti?
Você mora sozinho(a)?	Abiti da solo(a)?

Registro Formal	**Registro Formale**
De onde o senhor é?	Di dove è?
O que o senhor faz?	Cosa fa?
Tem namorada(o)?	Ha il ragazzo/la ragazza?
É casado(a)?	È sposato(a)?
O senhor tem alguém?	Ha qualcuno?
Tem filhos?	Ha figli?
Quantos anos tem?	Quanti anni ha?
Qual é o seu signo?	Qual è il suo segno?
O senhor gosta de....?	Le piace...?
Onde mora?	Dove abita?
O senhor mora sozinho(a)?	Abita da solo?

Como fazer uma pergunta pessoal sem ofender / Come fare una domanda personale senza offendere

Registro Informal	**Registro Informale**
Posso perguntar (quantos anos você tem)?	Posso domandarti (quanti anni hai)?
Não precisa responder se você não quiser...	Non c'è bisogno di rispondere se non vuoi
Você se ofenderia se eu perguntasse...	Ti offenderesti se domandassi...
Não quero ser inconveniente.	Non voglio essere inopportuno.
Não quero ser...	Non voglio essere...
Só por curiosidade...	Solo per curiosità...

Registro Formal	**Registro Formale**
Posso perguntar (quantos anos tem)?	Potrei domandarLe (quanti anni ha)...?
Não precisa responder se não quiser...	Non c'è bisogno di rispondere se non vuole...
Se ofenderia se eu perguntasse...	Si offenderebbe se domandassi...
Não quero ser inconveniente.	Non vorrei essere inopportuno.
Não quero ser...	Non vorrei essere...
Só por curiosidade...	Solo per curiosità...

Falando com estrangeiros	Parlando con stranieri
Registro Informal	**Registro Informale**
De onde você é?	Di dove sei?
Há quanto tempo está aqui?	Da quanto tempo sei qui?
Você está onde?	Dove sei?
Onde você está morando?	Dove abiti?
É um bom bairro.	È un buon quartiere.
O que você está achando (daqui)?	Cosa pensi di qui?/ Cosa ne pensi di qui?
Está aqui a trabalho/a passeio?	Sei qui per lavoro o in vacanza ?
O que você achou (da comida)?	Cosa pensi (del cibo)?
Você precisa experimentar...	Devi assaggiare...
O que você já conhece aqui em (Salvador)?	Cosa conosci qui a (Salvador)?
Você já foi a outros lugares?	Sei già andato(a) in altri locali?
Não deixe de ir a...	Devi andare a...
Você sente saudades da sua cidade?	Ti manca la tua città?
Você já fala alguma coisa em português?	Parli già qualcosa in portoghese?
Como está seu português?	Come va il tuo portoghese?
Já foi ao (Rio de Janeiro)?	Sei già andato(a) a (Rio de Janeiro)?
Gostou de lá?	Ti è piaciuto là?
Você precisa conhecer.	Devi conoscere.
Sabe para onde precisa ir? Tem um...	Sai dove devi andare? C'è un...
Vou te dar meu telefone.	Ti do il mio numero di telefono.
Me ligue para combinarmos alguma coisa.	Chiamami per programmare qualcosa.
Seria um prazer mostrar a cidade.	Sarebbe un piacere mostrarti la città.
Bem-vindo!	Benvenuto!
Registro Formal	**Registro Formale**
De onde o senhor é?	Di dove è?
Há quanto tempo está aqui?	Da quanto tempo è qui?
Está onde?	Dov'è?
Onde está morando?	Dove abita?
É um bom bairro.	È un buon quartiere.
O que está achando (daqui)?	Cosa pensa di qui?/Cosa ne pensa di qui?
Está aqui a trabalho/a passeio?	È qui per lavoro o in vacanza ?
O que achou (da comida)?	Cosa pensa (del cibo)?
Precisa experimentar...	Deve assaggiare...
O que já conhece aqui em (Florianópolis)?	Cosa già conosce qui a (Florianópolis)?
O senhor(a) já foi a outros lugares?	È già andato(a) in altri locali?

Registro Formal	Registro Formale
Não deixe de ir a...	Deve andare a...
Sente saudades da sua cidade?	Le manca la Sua città?
O senhor já fala alguma coisa em português?	Parla già qualcosa in portoghese?
Como está seu português?	Come va il Suo portoghese?
Já foi ao (Rio de Janeiro)?	È già andato(a) a (Rio de Janeiro)?
Gostou de lá?	Le è piaciuto là?
Precisa conhecer.	Deve conoscere...
Sabe para onde precisa ir? Tem um...	Sa dove deve andare? C'è un...
Vou lhe dar meu telefone.	Le do il mio numero di telefono.
Me ligue para combinarmos alguma coisa.	Mi chiami per programmare qualcosa.
Seria um prazer lhe mostrar a cidade.	Sarebbe un piacere mostrarLe la città.
Bem-vindo!	Benvenuto!

Em uma festa / In una festa

Começando uma conversa / Iniziando un dialogo

Registro Informal	Registro Informale
Oi.	Ciao.
Você não é (a Susan)?	Tu non sei (Susan)?
Você não trabalha com o Sérgio na Fiat?	Non lavori con Sergio nella Fiat?
Você é amigo do Luigi?	Sei un amico di Luigi?
Qual é seu nome?	Qual è il tuo nome?
Não conheço você de algum lugar?	Non ci siamo già visti da qualche parte?
Você tem uma cara conhecida.	Hai una faccia conosciuta.
Gostei da sua (camisa).	Mi è piaciuta la tua (camicia).

Registro Formal	Registro Formale
Bom-dia/Boa-tarde.	Buongiorno/Buonasera.
A senhora não é (a Susan)?	Lei non è (Susan)?
O senhor não trabalha com o Sergio na Fiat?	Non lavora con Sergio nella Fiat?
O senhor é amigo do Luigi?	È amico di Luigi?
Qual é seu nome?	Qual è il suo nome?
Não conheço o senhor de algum lugar?	Non ci siamo già visti da qualche parte?
O senhor tem uma cara conhecida.	Ha una faccia conosciuta.
Gostei da sua (camisa).	Mi è piaciuta la sua (camicia)

Começando uma conversa em uma festa	Iniziando un dialogo in una festa

Registro Informal	Registro Informale
O que você faz por aqui?	Cosa fai qui?
Lugar legal, né?	Bello questo luogo, vero?
Você viu o jogo hoje?	Hai visto la partita oggi?
Como está frio/quente aqui, né?	Come fa freddo/caldo qui?
Como está cheio aqui!	Come è pieno qui!

Registro Formal	Registro Formale
Que bom encontrar o senhor aqui!	Che bello incontrarLa qui!
Interessante este lugar, não é?	Interessante questo luogo, vero?
Viu o jogo hoje?	Ha visto la partita oggi?
Como está frio/quente aqui, não acha?	Come fa freddo/caldo qui?
Como está cheio aqui, não acha?	Come è pieno qui, non è vero?

Durante uma conversa em uma festa	Durante un dialogo in una festa

veja também "Falando sobre a família", página 58, "Falando do trabalho", página 134, "Contando histórias", página 96

Registro Informal	Registro Informale
Você quer outro drinque?	Vuoi un altro drink?
O que você está bebendo?	Cosa stai bevendo?
Adoro esta música.	Vado pazzo per questa musica.

Registro Formal	Registro Formale
O senhor quer outro drinque?	Vuole un altro drink?
O que está bebendo?	Cosa sta bevendo?
Adoro esta música.	Mi piace molto questa musica.

Terminando uma conversa em uma festa	Finendo un dialogo in una festa
Registro Informal	**Registro Informale**
Foi muito bom conversar com você.	È stato molto bello/parlarti/parlare con te.
Não me lembro do seu nome. Qual é seu nome mesmo?	Non mi ricordo il tuo nome. Come ti chiami?
Bom, eu já tenho que ir.	Bene, devo andarmene.
Escuta, eu tenho que dar uma palavrinha com algumas pessoas ali. Mas gostei de falar com você.	Senti, devo parlare con alcune persone lì. Ma mi ha fatto piacere parlare con te.
Olha, vou dar um oi para meu amigo ali, tá bom? Até já.	Senti, devo salutare quel mio amico lì. A più tardi.
Sabe onde é o banheiro?	Sai dov'è la toilette?
Nossa. Olha que horas são.	Madonna! Guarda che ore sono.
Vamos combinar alguma coisa.	Ci mettiamo d'accordo per programmare qualcosa.
Vamos marcar para sair qualquer dia.	Magari, usciamo qualche giorno.
Como eu faço para encontrar você?	Come posso trovarti?
Você tem e-mail?	Hai l'e-mail /la posta elettronica?
Me ligue a qualquer hora.	Chiamami a qualsiasi ora.
Por que você não me liga a qualquer hora?	Perchè non mi chiami a qualsiasi ora?
Posso te ligar?	Posso chiamarti?

Registro Formal	Registro Formale
Foi muito bom conversar com o senhor(a).	È stato molto bello parlare con Lei.
Não me lembro o seu nome, como se chama?	Non mi ricordo il suo nome. Come si chiama?
Bom, eu já tenho que ir.	Bene, devo andarmene.
Tenho que falar com algumas pessoas ali.	Senta, devo parlare con alcune persone lì.
Mas gostei de falar com o senhor.	Ma è stato un piacere parlare con Lei.
Tenho que cumprimentar um amigo ali.	Senta, devo salutare quel mio amico lì.
Sabe onde é o lavabo?	Sa dov'è la toilette?
Olha que horas são!	Guardi che ore sono!
Vamos combinar alguma coisa.	Ci mettiamo d'accordo per programmare qualcosa.
Vamos marcar para sair qualquer dia.	Magari, usciamo qualche giorno.
Como eu faço para encontrá-lo?	Come posso trovarLa?
Tem um e-mail?	Ha l'e-mail/la posta elettronica?

Registro Formal	Registro Formale
Me ligue a qualquer hora.	Mi chiami a qualsiasi ora.
Por que não me liga qualquer hora?	Perchè non mi chiama a qualsiasi ora?
Posso lhe telefonar?	Posso chiamarla?

Elogios / Complimenti

Elogiando a casa de alguém / Facendo i complimenti alla casa di qualcuno

Elogiando a casa de alguém	Facendo i complimenti alla casa di qualcuno
Que casa bonita.	Che bella casa.
Gostei da decoração.	Mi è piaciuto l'arredamento.
Que vista linda.	Che bella vista.
O bairro parece ser muito bom.	Il quartiere sembra molto buono.

Elogiando a aparência de alguém / Facendo i complimenti all'aspetto di qualcuno

Registro Informal	Registro Informale
Como você está bem hoje.	Come stai bene oggi.
Gostei da sua (jaqueta).	Mi è piaciuta la tua (giacca).
Está diferente hoje. Fez alguma coisa com o cabelo?	Sei diverso(a) oggi. Hai fatto qualcosa ai tuoi capelli?
Você parece estar mais magro.	Sembri più magro.

Registro Formal	Registro Formale
Como o senhor está bem hoje.	Come sta bene oggi.
Gostei da sua (jaqueta).	Mi è piaciuta la sua (giacca).
Está diferente hoje. Fez alguma coisa com o cabelo?	Lei è diverso(a) oggi. Ha fatto qualcosa ai suoi capelli?
Você parece estar mais magro.	Lei sembra più magro.

Elogiando o português ou outra língua de alguém / Facendo i complimenti al portoghese o a un'altra lingua di qualcuno

Registro Informal	Registro Informale
Seu português é excelente.	Il tuo portoghese è proprio buono.
Você tem um sotaque muito bom.	Hai un accento molto buono.
Você já morou no Brasil?	Hai già abitato in Brasile?

Registro Formal	Registro Formale
Seu português é excelente.	Il Suo portoghese è proprio buono.
O senhor tem um sotaque muito bom.	Lei ha un accento molto buono.
O senhor já morou no Brasil?	Lei ha già abitato in Brasile?

Elogiando o trabalho de alguém / Facendo i complimenti al lavoro di qualcuno

Registro Informal	Registro Informale
Bom trabalho.	Buon lavoro.
Você está fazendo um ótimo trabalho.	Stai facendo un ottimo lavoro.
Você fez um ótimo trabalho.	Hai fatto un ottimo lavoro.
Continue assim!	Continua così!
Admiro muito seus (quadros).	Ammiro molto i tuoi (quadri).

Registro Formal	Registro Formale
Bom trabalho.	Buon lavoro.
O senhor está fazendo um ótimo trabalho.	Lei sta facendo un ottimo lavoro.
O senhor fez um ótimo trabalho.	Lei ha fatto un ottimo lavoro.
Continue assim!	Deve continuare così!
Admiro muito seus (quadros).	Ammiro molto i Suoi (quadri).

Elogiando a si mesmo	Facendo i complimenti a se stesso
Tenho de admitir que... (não está nada mal!)	Devo ammettere che... (non è male!)
Às vezes até eu me surpreendo.	Alle volte anch'io mi sorprendo.
Nada mal, hein?	Non è male, vero?

Recebendo um elogio / Ricevendo un complimento

Registro Informal	Registro Informale
Mesmo?	Davvero?
Você acha mesmo?	Lo pensi proprio?
Obrigado!	Grazie!
Você é muito gentil./São seus olhos.	Sei molto gentile/Sono i tuoi occhi.
Eu também gosto.	Piace anche a me.
Obrigado, mas eu não acho não.	Grazie, ma non lo penso.

Registro Informal	Registro Informale
Obrigado! Você me deixou contente!	Grazie! Mi hai fatto felice!
Ganhei o dia!	È il mio giorno fortunato!
Fiquei vermelho!	Sono arrossito!
Puxa, que elogio, hein?	Accidenti, che complimento!

Registro Formal	Registro Formale
Mesmo?	Davvero?
O senhor acha mesmo?	Lei lo pensa proprio?
Obrigado!	Grazie!
O senhor é muito gentil.	Grazie, Lei è molto gentile.
Eu também gosto.	Anche a me piace.
Obrigado, mas eu não acho não.	Grazie, ma non lo penso.
Obrigado! O senhor me deixou contente!	Grazie! Mi ha fatto felice!
Ganhei o dia!	È il mio giorno fortunato!
Fiquei vermelho!	Sono arrossito!
Puxa, que elogio, hein?	Accidenti, che complimento!

Mostrando sinceridade ao elogiar	Mostrando sincerità nel fare dei complimenti
Não. Mesmo.	Proprio no.
Não. Sério.	No. Seriamente.
Não estou falando por falar, não.	Non dico solo per dirlo.
Estou falando como alguém que (entende do assunto).	Parlo come qualcuno che (capisce l'argomento…).

Vida noturna	Vita notturna

Descrevendo uma casa noturna	Descrivendo un nightclub
Conheço um lugar muito legal na...	Conosco un locale molto interessante a...
Tem um lugar muito legal na...	C'è un locale molto interessante a...
Ouvi falar que é ótimo.	Ho sentito dire che è molto buono.
Dizem que é ótimo.	Dicono che è veramente buono.
É um lugar ótimo para dançar.	È un bel locale per ballare.
É um lugar ótimo para tomar um drinque.	È un ottimo locale per prendere un drink.
É o lugar do momento.	È dove vanno tutti.
Está na moda.	Va di moda.
É frequentado por muitos (universitários).	È frequentato da molti (universitari).

Descrevendo uma casa noturna	Descrivendo un nightclub
Tocam muito (MPB).	Suonano molto (la musica brasiliana).
É um pouco caro, mas vale a pena.	È un po' caro, ma vale la pena.
É melhor (aos sábados).	È meglio (di sabato).
Como tem fila, é melhor chegar cedo.	Siccome c'è sempre la fila, è meglio arrivare presto.

Descrevendo o interior de uma casa noturna	Descrivendo l'interno di un nightclub
Não tem uma alma viva.	Non c'è nessuno qui.
Está meio parado para uma (sexta) à noite.	È molto tranquillo per un (venerdì) sera.
Está cheio!	È proprio pieno!
Está lotado!	È affollato!
A música está muito alta.	La musica è veramente alta!

Descrevendo um drinque	Descrivendo un drink
É muito forte.	È molto forte.
Me dá uma ressaca.	Mi da nausea.
O melhor (chope) que já tomei na minha vida.	La miglior (birra alla spina) che ho già preso in vita mia.

Bebendo	Bevendo
Não posso beber. Estou dirigindo.	Non posso bere. Sto guidando.
Não posso beber. Estou tomando remédio.	Non posso bere. Sto prendendo delle medicine.
Não bebo.	Non bevo alcolici.
Acho que já chega. Acho que bebi demais.	Basta. Ho già bevuto troppo.
Estou meio alegre.	Sono già un po' brillo.
A bebida me sobe muito depressa.	L'alcool mi viene subito su.
Tá bom, a saideira.	È l'ultimo.
Tá bom, só um pinguinho/dedinho.	Va bene, solo un po'.
Estou bêbado.	Sono ubriaco.
Vou me arrepender disso amanhã.	Mi pentirò domattina.
Enchi a cara ontem.	Ieri ho bevuto troppo.
Bebi todas.	Ho bevuto tutto quello che potevo.
Estou com (a maior) ressaca.	Ho una gran nausea.
Bebi demais.	Ho bevuto troppo.

Biografia	Biografia
Tenho (34) anos.	Ho (34) anni.
Sou (arquiteto).	Sono (architetto).
	vejá também "Falando do trabalho" página 134
Moro em (São Paulo), no Brasil.	Abito a (São Paulo), in Brasile.
...mas eu nasci em (Belo Horizonte).	...ma sono nato(a) a (Belo Horizonte).
Eu nasci em (1967).	Sono nato(a) nel (1967).
Eu nasci em (Belo Horizonte).	Sono nato(a) a (Belo Horizonte).
Eu sou (da Bahia).	Sono (di Bahia).
Eu cresci em (Porto Alegre).	Sono cresciuto a (Porto Alegre).
Passei a maior parte da infância em...	Ho passato la maggior parte della mia infanzia a...
Passavamos as férias de verão em...	D'estate andavamo a...
Meus pais são/eram de (Fortaleza).	I miei genitori sono/erano di (Fortaleza).
Quando eu tinha (12) nós nos mudamos para...	Quando avevo (12) ci siamo trasferiti a...
Eu sou de uma família grande/pequena.	Vengo da una piccola/grande famiglia.
Meus pais eram muito rígidos.	I miei genitori erano molto rigidi.
Meus pais nos deixavam fazer quase tudo o que queríamos.	I miei genitori ci lasciavano fare quasi tutte le cose che volevamo
Era/Fui mimado.	Ero/ Sono stato(a) coccolato(a).
Cresci num bairro nobre/simples.	Sono cresciuto in un quartiere nobile/semplice.
A minha família é muito (católica).	La mia famiglia è molto (cattolica).
Eu sou de uma família simples/rica.	Sono di una famiglia semplice/ricca.
Meus pais eram bem de vida.	I miei genitori avevano una buona vita.
Não foi muito fácil.	Non è stato facile.
Tínhamos que batalhar muito.	Abbiamo dovuto sforzarci molto.
Tivemos uma vida dura.	La vita non è stata facile.
Fui bom aluno.	Sono stato(a) un buono studente/una buona studentessa.
Não ia muito bem na escola.	Non andavo proprio bene a scuola.
Depois da escola eu costumava...	Dopo la scuola di solito...
Só me metia em encrenca.	Ero sempre nei guai.
Fui um bom menino/uma boa menina.	Sono stato un buon ragazzo/una buona ragazza.
Meu pai deixou minha mãe quando eu era pequeno.	Mio padre ha lasciato mia madre quando ero ancora piccolo.
Fui criado pela minha mãe/meu pai.	Sono stato(a) educato(a) da mia madre/mio padre

Biografia	Biografia
Meus pais são separados/divorciados.	I miei genitori sono separati/divorziati
	veja também "Falando sobre a família" nesta página
Acho que puxei ao meu pai.	Penso che assomiglio a mio padre
	veja também "Descrevendo as pessoas", página 60
Eu fiz faculdade na PUC-Rio.	Ho studiato alla PUC-Rio
	veja também "Currículo", página 130
Me formei em...	Mi sono laureato in...
Também fiz cursos de...	Ho anche frequentato corsi di...
Depois da faculdade eu...	Dopo l'università io...
Fui morar sozinho...	Ho cominciato a abitare da solo...
Me mudei da casa dos meus pais quando tinha (25) anos.	Ho lasciato casa dei miei quando avevo (25) anni.
Conheci meu marido/minha esposa enquanto eu...	Ho conosciuto mio marito/mia moglie mentre io...
Sou casado.	Sono sposato.
Tenho um filho/uma filha de (2) anos.	Ho un figlio/una figlia di (2) anni.
Tenho (2) filhos.	Ho (2) bambini.
Nunca me casei.	Non mi sono mai sposato(a).
Nunca fui casado.	Non sono mai stato sposato.
Não achei a pessoa certa ainda.	Non ho ancora trovato la persona giusta.
Já fui casado duas vezes.	Mi sono già sposato due volte.
Comecei a trabalhar aos (21) anos de idade.	Ho cominciato a lavorare a (21) anni.
Trabalhei como (secretária) na (FIAT)	Ho lavorato come (segretaria) nella (FIAT).

Falando sobre a família	Parlando della famiglia
	veja Apêndice 2 para mais vocabulário sobre família

Falando sobre a nossa família	Parlando della nostra famiglia
Eu tenho (dois) irmãos e (uma) irmã.	Ho (due) fratelli e (una) sorella.
Eu sou o mais velho.	Io sono il più vecchio.
Eu sou o do meio.	Sono quello di mezzo.
Sou o caçula.	Sono il più giovane
Sou filho único.	Sono figlio unico.
Meu (irmão) é (médico).	Mio (fratello) è (medico).
	veja também "Falando do trabalho", página 134
Minha (irmã) mora em (Porto Alegre).	Mia (sorella) abita a (Porto Alegre).
Meu (pai) é de...	Mio (padre) è di...

Falando sobre a nossa família	Parlando della nostra famiglia
Meu (pai) é/era...	Mio (padre) è/era...
Meus pais são divorciados/separados.	I miei genitori sono divorziati/separati.
Meu (pai) é/Meus pais já são falecido(s).	Mio (padre) è/I miei genitori sono già morti.
Meus pais se separaram quando eu tinha (12 anos).	I miei genitori si sono separati quando avevo (12 anni).
Venho de uma família grande/pequena.	Vengo da una grande/piccola famiglia.
Tenho (parentes) também em (Petrópolis).	Ho anche dei parenti a (Petrópolis).
Tenho uma família grande/pequena.	Ho una grande/piccola famiglia.
Tenho (dois) filhos.	Ho (due) bambini.
Tenho (dois) filhos do primeiro casamento.	Ho (due) bambini dal mio primo matrimonio.
Sou solteiro/casado/separado/divorciado.	Sono celibe/sposato/separato/divorziato.
Sou solteira/casada/separada/divorciada.	Sono nubile/sposata/separata/divorziata.

Atitudes sobre a família	Attitudini che riguardano la famiglia
Amo/Adoro minha família.	Amo la mia famiglia.
Faço qualquer coisa por eles.	Faccio qualsiasi cosa per loro.
Eles são muito importantes para mim.	Sono molto importanti per me.
Eles são tudo para mim.	Loro sono tutto per me.
Para mim, a família vem sempre em primeiro lugar.	Per me la famiglia viene sempre al primo posto.
Não tenho uma boa relação com meu pai.	Non ho un buon rapporto con mio padre.
Minha família é meio complicada.	La mia famiglia è un po' complicata.
Minha família é meio maluca.	La mia famiglia è un po' pazza.
Não falo com (meu irmão) há muito tempo.	Non parlo con (mio fratello) da molto tempo.
A gente brigou (anos atrás).	Abbiamo litigato alcuni anni fa.
Não nos falamos mais.	Non ci parliamo più.

Como perguntar sobre a família de alguém	Come domandare sulla famiglia di qualcuno

Veja também "Como fazer uma pergunta pessoal sem ofender" na página 48

Registro Informal	Registro Informale
Você tem irmãos?	Hai fratelli o sorelle?
Você vem de uma família grande?	Vieni da una famiglia grande?

Registro Informal	Registro Informale
O que (ele) faz?	Cosa fa lui?
A sua relação com ele/ela/eles é boa?	Il tuo rapporto con lui/lei/loro è buono?
Você tem filhos?	Hai figli?
Quanto tempo faz que você está casado(a)?	Da quanto tempo sei sposato(a)?
Quanto tempo faz que você está separado/divorciado?	Da quanto tempo ti sei separato/divorziato?

Registro Formal	Registro Formale
O senhor(a) tem irmãos?	Ha fratelli o sorelle?
O senhor(a) vem de uma família grande?	Viene da una grande famiglia?
O que (ele) faz?	Cosa fa lui?
A sua relação com ele/ela/eles é boa?	Il Suo rapporto con lui/lei/loro è buono?
Tem filhos?	Ha figli?
Quanto tempo faz que está casado(a)?	Da quanto tempo è sposato(a)?
Quanto tempo faz que você está separado/divorciado?	Da quanto tempo Lei si è separato/divorziato?

Descrevendo as pessoas / Descrivendo le persone

Personalidade – qualidades positivas	Personalità – qualità positive
Ele/Ela é uma figura.	Lui/lei è proprio un personaggio.
Ele/Ela é um velho amigo.	Lui/lei è un vecchio amico.
Ele/Ela é um amigo íntimo.	Lui/lei è un amico intimo.
Ele/Ela é um amigo de verdade.	Lui/lei è un vero amico.
Ele/Ela não existe.	Lui/lei non esiste.
Ele/Ela pode contar comigo.	Lui/lei può contare su di me.
Ele/Ela é (muito) simpático.	Lui/lei è (molto) simpatico.
Ele/Ela é (muito) legal.	Lui/lei è in gamba.
Ele/Ela é muito divertido.	Lui/lei è molto divertente.
Ele/Ela não para.	Lui/lei non si ferma mai.
Ele/Ela adora se divertir.	Lui/lei ama divertirsi.
Ele/Ela adora uma festa.	Lui/lei ama le feste.
Ele/Ela é sempre o centro das atenções.	Lui/lei è sempre al centro delle attenzioni.
Ele/Ela não tem medo de falar o que sente.	Lui/lei non ha paura di dire quello che sente.

Personalidade – qualidades positivas	Personalità – qualità positive
Ele/Ela não aceita um não.	Lui/lei non accetta un no come risposta.
Ele/Ela sempre cumpre com seu dever.	Lui/lei fa sempre i suoi doveri.
Ele é bom em....	Lui è esperto di...
Ela é boa em...	Lei è esperta di...
Ele/Ela sabe tudo.	Lui/lei sa tutto.
Ele gosta de criança.	Gli piacciono i bambini.
Ela gosta de criança.	Le piacciono i bambini.
Ele/Ela é especial com as pessoas.	Lui/lei è speciale con le persone.
Ele/Ela é muito sensível.	Lui/lei è molto sensibile.
Ele/Ela aprende rápido.	Lui/lei impara subito.
Ele/Ela tem uma habilidade incrível para...	Lui/lei ha una grande abilità per...
Ele gosta de trabalhar em equipe.	Gli piace lavorare in gruppo/équipe.
Ela gosta de trabalhar em equipe.	Le piace lavorare in gruppo/équipe.
Ele/Ela é o tipo da pessoa que...	Lui/lei è il tipo di persona che...
Ele/Ela é ótimo(a) em...	Lui/lei è ottimo(a) in...
Você é uma figura.	Tu sei proprio un personaggio.
Você é um velho amigo.	Tu sei un vecchio amico.
Você é um amigo íntimo.	Tu sei un amico intimo.
Você é um amigo de verdade.	Tu sei un vero amico.
Você não existe.	Tu non esisti.
Você pode contar comigo.	Tu puoi contare su di me.
Você é (muito) simpático.	Tu sei (molto) simpatico.
Você é (muito) legal.	Tu sei in gamba.
Você é muito divertido.	Tu sei molto divertente.
Você não pára.	Tu non ti fermi mai.
Você adora se divertir.	Tu ami divertirti.
Você adora uma festa.	Tu ami le feste.
Você é sempre o centro das atenções.	Tu sei sempre al centro delle attenzioni.
Você não tem medo de falar o que sente.	Tu non hai paura di dire quello che senti.
Você não aceita um não.	Tu non accetti un no come risposta.
Você sempre cumpre com seu dever.	Tu fai sempre i tuoi doveri.
Você sabe tudo.	Tu sai tutto.
Você gosta de criança.	Ti piacciono i bambini
Você é especial com as pessoas.	Tu sei speciale con le persone.
Você é muito sensível.	Tu sei molto sensibile.
Você aprende rápido.	Tu impari subito.
Você tem uma habilidade incrível para...	Tu hai una grande abilità per...
Você gosta de trabalhar em equipe.	Ti piace lavorare in gruppo/équipe.
Você é o tipo de pessoa que...	Tu sei il tipo di persona che...
Sei o que eu quero (da vida).	So quello che voglio (dalla vita).

Personalidade – qualidades positivas	Personalità – qualità positive
Não me importa.	Non mi importa.
Sigo meus instintos.	Seguo i miei istinti.
Admito quando estou errado.	Ammetto quando sbaglio.
Não tenho medo de falar o que sinto.	Non ho paura di dire quello che sento.
Eu não aceito um não.	Io non accetto un no come risposta.
Nós não aceitamos um não.	Noi non accettiamo un no come risposta.
Sempre cumpro com meu dever.	Faccio sempre i miei doveri.
Sou péssimo para me lembrar de nomes.	Sono un disastro per ricordarmi i nomi.
Conheço bem o caráter das pessoas.	Conosco bene il carattere delle persone.
Me mantenho atualizado.	Mi mantengo aggiornato.
Aprendo rápido.	Imparo subito.
Gosto de trabalhar em equipe.	Mi piace lavorare in gruppo/équipe.
Sou um homem/mulher de palavra.	Sono un uomo/una donna di parola.
Gosto de tentar.	Mi piace provare.
Gosto de criança.	Mi piacciono i bambini.
Sou muito sensível.	Sono molto sensibile.
Tenho uma habilidade incrível para...	Ho una grande abilità per…
Sou o tipo de pessoa que...	Sono il tipo di persona che…
Tenho um dom para...	Ho un dono per...
Não sou muito bom em...	Non sono molto bravo in…
...não é meu ponto forte.	… non è il mio punto forte.
Sou ótimo em...	Sono ottimo in…
Tenho orgulho de poder...	Ho l'orgoglio di poter…
As pessoas me dizem que sou...	Le persone mi dicono che sono…

Personalidade – qualidades negativas	Personalità– qualità negative
Ele/Ela é chato.	Lui/Lei è una persona/noiosa.
Ele/Ela é muito tímido(a).	Lui/lei è molto timido(a).
Ele/Ela tem um gênio explosivo.	Lui/lei ha un cattivo temperamento.
Ele gosta de coisas caras.	Gli piacciono le cose care.
Ela gosta de coisas caras.	Le piacciono le cose care.
Ele/Ela só pensa em si mesmo(a).	Lui/lei pensa solo a se stesso(a).
Ele gosta de controlar.	Gli piace controllare.
Ela gosta de controlar.	Le piace controllare.
Ele/Ela está sempre nas nuvens.	Lui/lei ha sempre la testa fra le nuvole.
Ele é um conquistador/galinha.	Lui è un conquistatore.
Ela é uma vagabunda.	Lei è una poco di buono.
Você é chato.	Sei noioso.
Você é muito tímido(a).	Tu sei molto timido(a).

Personalidade – qualidades negativas	Personalità– qualità negative
Você tem um gênio explosivo.	Tu hai un cattivo temperamento.
Você gosta de coisas caras.	Ti piacciono le cose care.
Você só pensa em si mesmo.	Tu pensi solo a te stesso(a).
Você gosta de controlar.	Ti piace controllare.
Você está sempre nas nuvens.	Tu hai sempre la testa fra le nuvole.
Você é um conquistador/galinha.	Tu sei un conquistatore.
Você é uma vagabunda.	Tu sei una poco di buono.
Você gosta de controlar.	Ti piace controllare.
Eu gosto/Você gosta/Eles gostam de ter o controle.	Mi piace/Ti piace/ Gli piace avere il controllo.
Eu gosto de coisas caras.	Mi piacciono le cose care.
Eu estou/está sempre com a cabeça nas nuvens.	Io ho la testa fra le nuvole.
Não consigo guardar um segredo.	Non riesco a mantenere un segreto.
Acho difícil admitir meus erros.	È difficile ammettere i miei sbagli.

Aparência física	Aspetto fisico
Ele/Ela é (muito) bonito(a).	Lui/lei è molto bello(a).
Você é linda.	Tu sei bella.
Você é uma gracinha.	Sei molto carina.
Ele/Ela é elegante.	Lui/lei è elegante.
Ele/Ela está cansado.	Lui/lei è stanco(a).

Aparência física – cabelo	Aspetto fisico – cappelli
Você tem o cabelo curto.	Tu hai i capelli corti.
Ele/Ela tem o cabelo comprido.	Lui/lei ha i capelli lunghi.
Você está perdendo cabelo.	Tu stai perdendo capelli.
Ele/Ela está perdendo cabelo.	Lui/Lei sta perdendo i capelli.
Ele é careca.	Lui è calvo.
Ela é morena.	Lei è bruna.
Ela é loira.	Lei è bionda.
Tenho cabelos lisos.	Ho i capelli lisci.
Ele/Ela tem cabelos enrolados.	Lui/lei ha i capelli ricci
Ele tem costeleta.	Lui ha le basette.

Aparência física – peso	Aspetto fisico – peso
Estou engordando.	Io sto ingrassando.
Ele é gordo.	Lui è grasso.
Ele/Ela engordou um pouco.	Lui/Lei è ingrassato(a) un po'...
Sou meio gordinho.	Sono un po' ciccio/grassotello.
Sou magro.	Sono magro.
Ele perdeu muitos quilos.	Lui ha perso molti chili.
Ele tem o peso proporcional à altura.	Lui ha un peso proporzionale all'altezza.

Aparência física – detalhes do corpo	Aspetto fisico – dettagli del corpo
Ela tem seios pequenos.	Lei ha i seni piccoli.
Ela tem seios grandes.	Lei ha i seni grandi.
Ele tem ombros largos.	Lui ha le spalle larghe.
Eu tenho...	Io ho...
Ele/Ela não tem rugas.	Lui/lei non ha rughe.
Vocês têm os olhos verdes.	Voi avete gli occhi verdi.
Você tem celulite.	Tu hai la cellulite.

Explicando como você conhece uma pessoa	Spiegando come conosci una persona
É um amigo da (faculdade).	È un amico della (facoltà).
É amiga da faculdade.	È un'amica della facoltà.
É um conhecido.	È un conoscente.
Nós (tomamos café) juntos às vezes.	Alle volte (prendiamo un caffè) insieme.
Eu o(a) conheço do (trabalho).	Lo(la) conosco dal (lavoro).
Nós crescemos juntos.	Siamo cresciuti insieme.
Somos do mesmo bairro.	Siamo dello stesso rione.
É um amigo do meu (pai).	È un amico di mio (padre).
É uma amiga de um amigo.	È un'amica di un amico.
Somos primos.	Siamo cugini.
Somos vizinhos.	Siamo vicini.
É (a professora) do meu (filho).	È (l'isegnante) di mio (figlio).
Saímos juntos por um tempo.	Siamo usciti insieme per qualche tempo.
Ele/Ela é meu ex.	Lui/Lei è il mio ex.
Fizemos (o exército) juntos.	Abbiamo frequentato (l'esercito) insieme.
Fizemos o (científico) juntos.	Abbiamo frequentato il (liceo) insieme.
Ela namorava meu irmão.	Lei era la ragazza di mio fratello.

Como você se sente em um grupo	Come ti senti in un gruppo

Bem	Bene
Senti-me acolhido desde o início.	Fin dall'inizio mi ci sono trovato bene.
Fui muito bem recebido.	Sono stato molto ben accolto.
Me sinto fazendo parte deste grupo.	Mi sento già parte di questo gruppo.
Parece que eu os conheço há muito tempo. Eu já faço parte.	Mi sembra di conoscerli da molto tempo. Io già sono uno di loro.
Sinto-me muito à vontade com eles.	Mi sento a mio agio con loro.
Foi fácil.	È stato facile.
Eles são como da família.	Loro sono come di famiglia.

Mal	Male
Logo no início não me senti bem-vindo.	All'inizio non mi sono sentito ben accolto.
Era evidente que eles não gostaram de mim.	Era chiaro che io non piacevo loro.
Acho que eles não me querem lá.	Penso che loro non mi vogliano là.
Sei quando não sou bem-vindo.	So quando non sono il benvenuto.
Não vou me esforçar para ser aceito.	Non mi sforzerò per essere accettato.
Estou fazendo de tudo para me encaixar.	Sto facendo il possibile per farne parte.

Falando sobre o parceiro	Parlando del compagno
Ele/Ela é ótimo(a).	Lui/lei è ottimo(a).
Ele/Ela tem um sorriso lindo.	Lui/lei ha un bel sorriso.
Ele/Ela me faz rir.	Lui/lei mi fa ridere.
Ele/Ela me faz sentir especial.	Lui/lei mi fa sentire speciale.
Me sinto bem perto dele/dela.	Mi sento bene accanto a lui/lei.
Temos muito em comum.	Abbiamo un sacco di cose in comune.
Temos muitos interesses em comum.	Abbiamo molti interessi in comune.
Temos (quase) os mesmos valores.	Abbiamo (quasi) gli stessi valori.
Tivemos uma educação parecida.	Abbiamo avuto un'educazione simile.
Mesmo sendo muito diferentes, nos damos bem.	Anche se siamo molto diversi, ci troviamo bene.
Nunca conheci ninguém como ele/ela.	Non ho mai conosciuto nessuno come lui/lei.
Ele/Ela parece um sonho.	Lui/lei sembra un sogno.
Detesto ficar longe dele/dela.	Odio essere lontano da lui/lei.

Falando sobre o parceiro	Parlando del compagno
Não consigo ficar longe dele/dela.	Non riesco a stare lontano da lui/lei.
Não consigo me imaginar longe dele/dela.	Non riesco ad immaginarmi lontano da lui/lei.
Ele/Ela me ouve (de verdade).	Lui/lei (veramente) mi ascolta.
Ele/Ela me entende.	Lui/lei mi capisce.
Confio nele/nela.	Ho fiducia in lui/lei.
Ele/Ela confia em mim.	Lui/lei ha fiducia in me.
Já passamos por muita coisa juntos.	Ne abbiamo già passate tante insieme.
Ele/Ela é muito romântico(a).	Lui/Lei è molto romantico(a).
Nem vejo o tempo passar quando estamos juntos.	Il tempo passa in fretta quando stiamo insieme.
Ele/Ela tem muitas das qualidades que eu admiro numa pessoa.	Lui/lei ha molte qualità che ammiro in una persona.
Ele/Ela me aceita como eu sou.	Lui/lei mi accetta come sono.
Ele/Ela me aceita com todos os meus defeitos.	Lui/lei mi accetta con tutti i miei difetti.
É muito bom para ser verdade.	È troppo bello per essere vero.
Ele/Ela não é como os(as) outros(as).	Lui/lei non è come gli altri/le altre.
Ele/Ela é muito especial para mim.	Lui/lei è molto speciale per me.
Nós temos uma coisa muito especial.	Abbiamo una cosa molto speciale.
Me preocupo com ele/ela.	Mi preoccupo di lui/lei.
Quero fazê-lo(la) feliz.	Voglio farlo(la) felice.
Sou louco por ele(ela).	Vado pazzo per lui/lei.
Acho que me apaixonei por ele/ela.	Penso che mi sono innamorato di lei.
Eu o(a) amo.	Io l'amo.

Descrevendo um casal	Descrivendo una coppia
Eles estão morando juntos.	Loro stanno abitando insieme.
Eles estão noivos.	Loro sono fidanzati.
Eles são casados.	Loro sono sposati.
É uma relação meio aberta.	È un rapporto aperto.
Eles saem com outras pessoas.	Loro escono con altre persone.
Eles formam um belo casal.	Loro sono una bella coppia.
Estão juntos há (3 anos).	Loro stanno insieme da (3 anni)
São um casal perfeito.	Loro sono una coppia perfetta.
Eles se completam.	Loro si completano.
Estão sempre juntos.	Loro stanno sempre insieme.
Dá para notar que estão apaixonados.	Si vede che sono innamorati.

Descrevendo um casal	Descrivendo una coppia
Se conheceram (no trabalho).	Si sono conosciuti (al lavoro).
Acho que não vai durar.	Penso che non durerà.
Estão tendo problemas.	Loro hanno dei problemi.
Estão sempre brigando.	Loro stanno sempre discutendo.
Não sei o que ele/ela vê/viu nela/nele.	Non so cosa lui/lei vede/ha visto in lui/in lei.
Ele/Ela poderia achar coisa melhor.	Lui/Lei potrebbe trovare di meglio.
Ele/Ela a(o) está usando.	Lui/Lei la/lo sta usando.
Ele/Ela a(o) trai.	Lui/Lei la/lo tradisce.
Acho que vão terminar.	Penso che si lasceranno.
Acho que ele/ela ainda pensa na(no) ex.	Penso che lui/lei ancora pensa alla sua/al suo ex.

Paquerando	Corteggiamento
Você está muito bonita(o).	Sei molto bella(o).
Gostei desse (vestido).	Mi è piaciuto questo (vestito).
Você tem um sorriso bonito.	Hai un bel sorriso.
Você deveria sorrir mais.	Dovresti sorridere di più.
Sabe quem você me lembra um pouco? (a Sophia Loren)	Sai chi mi ricordi un po' (Sophia Loren)?
Alguém já lhe disse que você se parece um pouco com (o Umberto Eco)?	Qualcuno ti ha già detto che assomigli un po'a (Umberto Eco)?
Que signo você é?	Qual è il tuo segno?
Você tem namorado(a)?	Hai la ragazza/il ragazzo?
Não acredito que você não tem namorado(a).	Non posso crederci. Non hai la ragazza/il ragazzo.
Você vem sempre aqui?	Vieni sempre qui?
Quer dançar?	Vuoi ballare?
Você quer ir para outro lugar?	Vuoi andare in un altro locale?
Está um pouco barulhento/cheio aqui.	È un po' rumoroso/pieno qui.
Posso ligar para você?	Posso chiamarti?
Eu gosto de conversar com você.	Mi piace parlare con te.
Quando eu posso ver você de novo?	Quando potrò vederti un'altra volta?
Vou querer ver você de novo.	Voglio vederti un'altra volta.
Adoraria ver você de novo.	Mi piacerebbe vederti un'altra volta.
Espero que possamos nos ver de novo.	Spero che possiamo vederci un'altra volta.
Você me parece ser uma pessoa muito especial.	Sembri essere una persona molto speciale.
Você é muito atrante.	Sei molto attraente.
Você deve ouvir muito isso.	Devi sentirtelo dire spesso.

O amor / L' amore

Como falar sobre relacionamento / Come parlare del rapporto

Nos conhecemos em...	Ci siamo conosciuti a...
Estamos juntos há (dez) anos.	Stiamo insieme da (dieci) anni.
Estamos morando juntos.	Stiamo abitando insieme.
Estamos planejando nos casar.	Pensiamo di sposarci.
Estamos pensando em ter filhos.	Pensiamo di avere figli.
Acho que é ainda muito cedo para pensar em casamento/filhos.	Credo che sia troppo presto per pensare al matrimonio/ai figli.

Perguntando sobre o relacionamento de alguém / Domandando sul rapporto di qualcuno

veja também "Como fazer uma pergunta pessoal sem ofender" (página 48) na seção "Coisas que se falam quando as pessoas se encontram"

Como vocês se conheceram?	Come vi siete conosciuti?
Quanto tempo vocês estão juntos?	Da quanto tempo state insieme?
Está ficando sério?	La cosa è seria?
Estão pensando em se casar?	Pensate di sposarvi?

Como falar sobre a crise no relacionamento ou casamento / Come parlare della crisi del rapporto o del matrimonio

Para as coisas mais positivas veja "Falando sobre seu parceiro" página 66

As coisas não estão muito bem.	Le cose non vanno molto bene.
As coisas não vão bem desde...	Le cose non vanno bene da...
Alguma coisa mudou.	Qualcosa è cambiato.
Talvez eu tenha mudado.	Forse io sono cambiata.
Ainda a(o) amo, mas...	Ancora l'amo, ma...
Estou ficando cansado(a) dela/dele sempre...	Sono già stanco(a) di lei/lui sempre...
Ele/Ela me parece tão distante.	Lui/lei mi sembra così distante.
Nós não conversamos mais.	Non ci parliamo più.
Não fazemos mais o que fazíamos.	Non facciamo più quello che facevamo.
Estou confuso.	Sono confuso.
Não sei o que eu sinto.	Non so quello che sento.

Como falar sobre a crise no seu relacionamento ou casamento	Come parlare della crisi del rapporto o del matrimonio
Não sei o que fazer.	Non so cosa fare. *veja também "Decidindo", página 125*
Acho que somos muito diferentes/parecidos.	Penso che siamo molto diversi/simili.
Acho que precisamos de um tempo.	Forse abbiamo bisogno di un po' di tempo.
Acho que eu só preciso de um tempo para pensar.	Penso che ho bisogno soltanto di un po' di tempo per pensarci.
Não quero jogar tudo para o alto.	Non voglio buttare tutto via.
Nós passamos por muita coisa juntos.	Abbiamo vissuto molte cose insieme.
Acho que chegou a hora de nos separarmos.	Penso che sia arrivata l'ora di separarci.

Mais expressões sobre o amor	Altre espressioni sull'amore
Ele/Ela a(o) está traindo.	Lui/Lei la/lo sta tradendo.
Nós terminamos.	Abbiamo terminato/É tutto finito.
Nós voltamos.	Stiamo di nuovo insieme.
Me apaixonei por ele.	Mi sono innamorata di lui.
Queria ficar com ele/ela para sempre.	Vorrei restare con lui/lei per sempre.

Recebendo uma visita / Ricevendo una visita

Chegada dos convidados	Arrivo degli invitati
Oi!	Ciao!
Acharam fácil chegar aqui?	È stato facile arrivare qui?
Que bom que vocês vieram.	Sono felice che siate venuti.
Por favor, entrem.	Per favore, entrate.
Me dê seu (casaco).	Dammi la tua (giacca).
Sinta-se à vontade, em casa.	Sentiti a tuo agio.
Está com fome?	Hai fame?
Estão com fome?	Avete fame?
Aceita alguma coisa para (beber)?	Vuoi qualcosa da (bere)?
O que você quer (beber)?	Cosa prendi da (bere)?
Temos água, cerveja, vinho...	Abbiamo acqua, birra, vino...
Aceita um (vinho)?	Vuoi un po' di (vino)?
Você se importa se eu fumar?	Ti disturbo se fumo?
Venha conhecer a casa.	Ti faccio conoscere la casa.
Podem se servir.	Per favore, servitevi.

Saída dos convidados	Partenza degli invitati
Ah, já vão?	Ah, già ve ne andate?
Não aceitam (um cafezinho) antes de irem?	Prendete (un caffè) prima di andarvene?
Vou pegar suas coisas.	Prendo le tue cose in un attimo.
Venham me visitar quando vocês quiserem.	Venite a trovarmi quando volete.
Vê se não some.	Fatevi vivi.
Vá com cuidado.	Guida con attenzione.
Você não quer dormir aqui?	Non vuoi dormire qui?
Você pode dormir aqui se quiser.	Puoi dormire qui se vuoi.
É um pouco tarde para dirigir.	È un po' tardi per guidare.
É muito longe para dirigir.	È molto lontano per guidare.

Quando os convidados ficam	Quando gli invitati rimangono
Vou mostrar seu quarto.	Ti faccio vedere la tua camera.
Por favor, fique bem à vontade.	Per favore, sentiti a tuo agio.
Durma bem.	Sogni d'oro.
Dormiu bem?	Hai dormito bene?

Arte e Entretenimento / Arte e Intrattenimento

Filmes	Film
De que tipo de filme você gosta?	Che tipo di film ti piace?
Eu não gosto de filmes de...	Non mi piacciono i film di...
Você já viu...?	Hai già visto...?
O que você achou?	Cosa ne pensi?
Gostou?	Ti è piaciuto?
Tem recebido uma boa crítica.	Ha ricevuto buone critiche.
Tem recebido críticas variadas.	Ha recevuto diverse critiche.
Você tem que ver.	Devi vederlo.
Faz tempo que não vejo um bom filme.	È da molto tempo che non vedo un buon film.
Eu achei um pouco (previsível).	È un po' (prevedibile).
Os atores estavam meio fracos.	Gli attori non erano così buoni.
Eu esperaria sair em vídeo.	Io aspetterei il video.
Fiquei um pouco decepcionado.	Sono rimasto un po' deluso.
Não foi nada do que estava esperando.	Non era quello che mi aspettavo.
Caí no sono bem no meio do filme.	Mi sono addormentato.

Filmes	Film
Estava tão ruim que fui embora.	Era così brutto che sono andato(a) via.
Quis meu dinheiro de volta.	Ho voluto indietro i miei soldi.
Tinha partes boas.	C'erano delle parti buone.
Tem uma cena que você tem que ver.	C'è una scena che devi vedere.
Eu gostei daquela parte, quando...	Mi è piaciuta quella parte quando...
Tinha ótimos efeitos especiais.	C'erano degli effetti speciali splendidi.
Vale a pena...	Vale la pena...
Eu nem conseguia ficar sentado.	Non riuscivo a stare seduto.
É ação o tempo todo.	Per tutto il tempo c'è azione.
Não conseguia parar de rir.	Non riuscivo a smettere di ridere.
Chorei de tanto rir.	Ho pianto per il tanto ridere.
Chorei no final.	Alla fine ho pianto.
Não vou contar o final.	Non ti racconterò la fine.
O (Robert de Niro) estava muito bom.	(Robert de Niro) stava proprio bene.
(Michelle Pfeiffer) estava muito boa como...	(Michelle Pfeiffer) stava proprio bene come...

Livros	Libri
Você gosta de ler?	Ti piace leggere?
Você já leu...?	Hai già letto..?
O que você achou?	Cosa ne pensi?
Gostou?	Ti è piaciuto?
Não conseguia parar de ler.	Non riuscivo a smettere di leggere.
Acho difícil ler (Dante Alighieri).	È difficile leggere (Dante Alighieri).
Achei uma leitura difícil.	È una lettura difficile.
Agora estou lendo...	Adesso sto leggendo...

Música	Musica
Que tipo de música você gosta?	Che tipo di musica ti piace?
Você gosta de (Pavarotti)?	Ti piace (Pavarotti)?
Você já tem o novo CD do (Eros Ramazzotti)?	Hai il nuovo CD di (Eros Ramazzotti)?
Você já ouviu o novo CD do (Eros Ramazzotti)?	Hai già sentito il nuovo CD di (Eros Ramazzotti)?
Eu gosto das coisas antigas dele(a).	Mi piacciono le sue cose antiche.
É o máximo.	È meraviglioso.
Não sou muito chegado a (rock).	Non mi piace molto il (rock).
Sou mais chegado a (jazz).	Mi piace di più il (jazz).
É legal para dançar.	Va bene per ballare.

Esporte	Sport
Você torce para que time?	Qual è la tua squadra?/Per chi fai il tifo?
Quem está ganhando?	Chi sta vincendo?
Há quanto tempo está empatado em (2) a (2)?	Da quanto tempo è ferma sul pareggio (2) a (2)?
Quem ganhou?	Chi ha vinto?
Você perdeu um ótimo jogo!	Ti sei perso una bellissima partita!
(Roberto) jogou muito bem.	(Roberto) ha fatto un'ottima partita.
	veja também "Contando histórias", página 96
Ninguém esperava...	Nessuno se l'aspettava...
Ganhamos de (4).	Abbiamo vinto per (4 a 0).
Foi um jogo apertado.	È stata una partita difficile.
Eles empataram.	Hanno pareggiato.
Para chegar na final eles têm que ganhar do (Corinthians).	Per arrivare alla finale loro devono battere il (Corinthians).
Perdemos.	Abbiamo perso.
Eles mereceram ganhar.	Loro hanno meritato di vincere.
Eles mereceram perder.	Loro hanno meritato di perdere.
Jogaram muito mal.	Non hanno giocato bene.
Eles são nossos inimigos.	Loro sono nostri nemici.
Podemos jogar alguma coisa.	Possiamo giocarci qualcosa.

Descrevendo uma noite romântica	Descrivendo una serata romantica
Fui buscá-la em casa.	Sono andato a prenderla a casa.
Levei flores.	Ho portato dei fiori.
Ele me trouxe flores.	Lui mi ha portato dei fiori.
Ele abriu a porta para mim.	Lui ha aperto la porta per me.
Ela estava linda/maravilhosa.	Lei era bellissima/stupenda.
Ele estava lindo.	Lui era bellissimo.
Ele falou que eu estava linda.	Lui ha detto che ero bellissima.
Ela/Ele estava tão cheirosa(o).	Lei/lui era molto profumata(o).
Queria que fosse uma noite especial.	Volevo che fosse una serata speciale.
Fomos para um restaurante (italiano) ótimo.	Siamo andati in un ottimo ristorante (italiano).
Jantamos à luz de velas.	Abbiamo cenato con delle candele.
Estava com muita vontade de beijá-la(lo).	Volevo tanto baciarla/lo.
Me senti um adolescente.	Mi sono sentito come un adolescente.
Ele/Ela me dava a entender que também queria...	Lui/lei mi faceva capire che anche lui/lei voleva...

Descrevendo uma noite romântica	Descrivendo una serata romantica
Nos beijamos.	Ci siamo baciati.
Senti uma coisa especial.	Ho sentito qualcosa di speciale.
Fomos dar uma volta a pé/de carro.	Abbiamo fatto un giro a piedi/in macchina.
Dançamos.	Abbiamo ballato.
Acompanhei-a até a porta (de casa).	L'ho accompagnata fino alla porta (di casa).
Ficamos em frente à lareira.	Siamo rimasti davanti al camino.
Eu a abracei a noite toda.	L' ho abbracciata per tutta la sera.

O telefone / Il telefono

Quando atendemos a uma ligação em italiano, não dizemos alô, mas sim *Pronto!* Se o contexto da situação fosse informal a frase para chamar a pessoa com que se deseja falar seria: "*Pronto, c'è Carlo?*" Caso contrário, poderia ser: "*Pronto, potrei parlare con il Signor Carlo?*"
O telefone celular tem um nome bem específico: *telefonino*.

Ligando	Chiamando
Gostaria de falar com (Silvia), por favor.	Vorrei parlare con (Silvia), per favore.
Oi, (a Silvia) está?	Ciao, c'è (Silvia)?
Aqui é (o Pedro).	Sono (Pedro).
Sou um amigo dela/dele.	Sono un suo amico.
Trabalho com ela/ele.	Lavoro con lei/lui.
Oi, é o (Pedro).	Ciao, sono (Pedro).
Você está ocupado(a)?	Sei occupato(a)?
Você está podendo falar?	Puoi parlare?
Tentei ligar antes, mas...	Ho provato a chiamarti prima, ma...
...ninguém atendeu.	...non c'era nessuno.
...mas acho que você não estava.	...credo che non c'eri.
...estava ocupado.	...la linea era occupata.
...caiu na secretária eletrônica.	...c'era la segreteria telefonica.
Você recebeu meu recado?	Hai ricevuto il mio messaggio?

Atendendo	Rispondendo
Alô?	Pronto?
Quem está falando?	Chi parla?
Sou (Silvia).	Sono (Silvia).

Atendendo	Rispondendo
É ela.	Sono io.
É ele.	Sono io.

Durante a chamada	Durante la chiamata
	veja também "Coisas que se falam quando as pessoas se encontram", página 45
Oi, (Pedro). Que bom que você ligou!	Ciao (Pedro). Che bello che mi hai chiamato!
Recebi seu recado, obrigado.	Ho ricevuto il tuo messaggio, grazie.
Ah, estava esperando sua ligação.	Aspettavo la tua chiamata.
Me aguarda um segundinho?	Mi aspetti un attimo?
Só um segundo. Tem alguém na outra linha.	Un secondo. C'è qualcuno sull'altra linea.
Dá para me ouvir bem?	Puoi ascoltarmi?
Posso ligar para você de volta?	Posso richiamarti?
Quer que eu te ligue de volta?	Vuoi che io ti richiami?
Essa ligação vai sair muito cara para você.	La linea non è buona.
Olha, eu tenho que ir agora. Eu...	Senti, devo andare adesso. Io...
	veja também "Desculpas", página 83
Eu já ligo para você.	Ti richiamo subito.
Qual é seu número mesmo?	Qual è il tuo numero?

Problemas durante a ligação	Problemi durante la chiamata
Desculpe-me, caiu a linha.	Scusami, la linea è caduta.
Essa ligação está péssima.	Si sente male.
Eu estou ouvindo você muito mal.	Ti sento male.

Terminando	Finendo
Preciso desligar.	Senti, devo andare.
	veja também "Desculpas", página 83
Então tá bom...	Allora va bene...
Gostei de falar com você.	Mi ha fatto piacere parlare con te.
Vamos marcar alguma coisa.	Ci mettiamo d'accordo per qualcosa...
	veja "Convidando" página 118
Um beijo.	Un bacio.
Um abraço.	Un abbraccio.

Terminando	Finendo
Até mais.	A presto.
Tchau.	Ciao.

Deixando um recado	Lasciando un messaggio
Você pode pedir para ele ligar para (Pedro)?	Puoi chiedergli di chiamare (Pedro)?
Você pode avisá-la que...	Puoi dirle che...
(Ele) pode me encontrar...	Lui può trovarmi...
Acho que ele/ela tem meu telefone.	Penso che lui/lei abbia il mio numero di telefono.

Deixando um recado – secretária eletrônica	Lasciando un messaggio – segreteria telefonica
Oi, aqui é o (Pedro).	Ciao, sono (Pedro).
Que pena que eu não o encontrei.	Peccato non averLa trovato...
Você está fugindo de mim.	Stai cercando di evitarmi.
Que difícil falar com você.	Come è difficile parlare con te.
Bom, acho que você ainda está (no trabalho).	Bene, penso che sei ancora (al lavoro).
Só liguei para...	Ti ho chiamato per...
Bom, enfim...	Bene, allora...
Me ligue quando você puder.	Chiamami quando puoi.
Pode me ligar em casa/no trabalho/ no celular.	Puoi chiamarmi a casa,al lavoro, sul telefonino.
Caso você não tenha meu número, é...	Se per caso non ce l'hai, il mio numero di telefono è ...
Então, espero poder falar com você mais tarde.	Allora, spero di poterti parlare più tardi.
Até mais.	A presto.
Um abraço.	Un abbraccio.
Tchau.	Ciao.

Anotando um recado	Prendendo un messaggio
Você quer deixar recado?	Vuoi lasciare un messaggio?
Só um instante. Vou pegar uma caneta.	Un attimo, prendo una penna.
Pronto. Pode falar.	Pronto, dimmi.
Deixe-me ver se entendi...	Lasciami vedere se ho capito...

Anotando um recado	Prendendo un messaggio
Tudo bem. Eu dou o recado para ele.	Va bene. Gli riferisco il messaggio.
Tudo bem. Eu digo a ele que você ligou.	Va bene, gli dico che hai chiamato.

Saudações – secretária eletrônica	Saluti – segreteria telefonica
Oi, você ligou para (Pedro).	Ciao, sono (Pedro).
Por favor, deixe seu nome e o número do seu telefone.	Per favore, lasci il suo nome e il suo numero di telefono.
Por favor, deixe seu nome, número e hora.	Per favore, lasci il nome, il numero di telefono e l'ora.
Retornarei a ligação assim que possível.	Richiamo appena possibile.
Por favor, deixe seu recado ao sinal do bip, obrigado(a).	Per favore, lasciate il vostro messaggio dopo il segnale acustico,grazie.

Mais expressões	Altre espressioni
Só dá ocupado.	La linea è sempre occupata.
Ele/Ela me deixou aguardando na espera.	Lui/Lei mi ha lasciato in attesa.
Deixei recado.	Ho lasciato un messaggio.
Deixe tocar.	Lascia squillare.

Combinando um lugar	Decidendo dove incontrarsi
Então, onde a gente se encontra?	Allora, dove ci incontriamo?
Que tal (seu hotel)?	Cosa pensi del (tuo albergo)?
Posso buscá-lo (no seu hotel).	Posso prenderti (nel tuo albergo).
Que horas posso buscar você?	A che ora posso prenderti?
Você gostaria de me encontrar (no meu escritório)?	Ti piacerebbe incontrarmi (nel mio ufficio)?
Você que sabe.	Decidi.
O que for melhor para você.	Quello che è meglio per te.
Onde você quiser.	Dove vuoi..
Você conhece...?	Conosci...?
Nós poderíamos nos encontrar aqui/lá.	Possiamo incontrarci qui/là.
Vamos fazer o seguinte:...	Facciamo così:...
Podemos nos encontrar (no seu hotel) às (8:30).	Possiamo incontrarci nel (tuo albergo) alle (8:30).
Que tal?	Cosa ne pensi?

Combinando um lugar	Decidendo dove incontrarsi
Me avise se houver alguma mudança.	Fammi sapere se c'è qualche cambiamento.
Se, por algum motivo, você não puder, me dê uma ligada.	Se per caso non potrai, chiamami.

Explicando o caminho	Spiegando il cammino
É fácil.	È facile.
Saindo do (hotel)...	Uscendo dall' (albergo)...
Pegue a rua...	Prendi la via...
Saia na...	Esci sulla...
Entre à direita/esquerda	Gira a destra/a sinistra
...até chegar...	...fino a arrivare...
Continue por (2) quarteirões...	Continua per (2) quartieri...
Vá reto...	Prosegui dritto...
Quando chegar a...	Quando arriverai a...
Fique à esquerda/direita...	Rimani a sinistra/a destra...
Procure (um supermercado)...	Cerca un (supermercato)...
Você vai passar por um...	Passerai per un...
Se chegar num...	Se arrivi in un...
Fica à sua direita/esquerda.	È a destra/a sinistra.
É bem na esquina.	È proprio all'angolo.
Fica na... com...	Rimane nella... con...
É uma travessa da (Getúlio Vargas).	È una traversa della (Getúlio Vargas).
É no meio do quarteirão.	È nel mezzo del quartiere.
É em frente ao...	È davanti al...
É bem ao lado do...	È proprio accanto al...
Fica entre... e...	È tra... e...
Não tem erro.	Non puoi sbagliare.
Se tiver qualquer problema, é só me ligar.	Se hai qualche problema, basta chiamarmi.

Dirigindo	Guidando

Falando com passageiros no carro	Parlando con passeggeri in macchina

veja também "Desculpas pelo carro sujo" e "Desculpas por algo quebrado", na página 86

Entre aí.	Entra.
Quer sentar na frente?	Vuoi sederti davanti?

Falando com passageiros no carro	Parlando con passeggeri in macchina
	veja também "Desculpas pelo carro sujo" e "Desculpas por algo quebrado", na página 86
Você pode pôr o banco mais para trás se quiser.	Puoi mettere il sedile più indietro, se vuoi.
Eu posso pôr o banco mais para a frente se você quiser.	Posso mettere il sedile un po' più avanti, se vuoi.
Você pôs o cinto?	Hai messo la cintura di sicurezza?
Estão todos com o cinto de segurança?	Tutti avete la cintura di sicurezza.
Acho que a sua porta está aberta.	Penso che la tua porta sia aperta.
Quer que eu ligue/desligue o ar-condicionado?	Vuoi che io accenda/spenga l'aria condizionata?
Você se importa se eu fumar?	Ti disturbo se fumo?
O que você prefere ouvir?	Cosa preferisci ascoltare?
Está muito alto?	È molto alto?
Este carro não corre.	Questa macchina non corre.

Falando de manobras	Parlando di manovre
Preciso encostar/parar por um minuto.	Devo fermarmi un minuto.
Eu passei o sinal vermelho.	Sono passato col rosso.
Tenho a preferencial.	La precedenza è mia.
Vamos! Anda logo!	Dai, andiamo subito!
Tive um acidente.	Ho avuto un incidente.
Ele apareceu do nada.	Non lo so da dove sia venuto.
Entrar à esquerda/direita.	Girare a sinistra/a destra.
Acelerar.	Accelerare.
Diminuir.	Diminuire.
Ficar preso no trânsito.	Essere bloccato.
Dirigir feito louco.	Guidare come un pazzo.
Parar para encher o tanque.	Fermare per fare il pieno.
Se perder.	Perdersi.
Pegar uma autoestrada.	Prendere un'autostrada.
Sair de uma autoestrada.	Uscire da un'autostrada.
Perder o controle da direção.	Perdere il controllo.
Frear.	Frenare.
Estacionar.	Parcheggiare.
Acender os faróis.	Accendere i fari.

Discutindo a conta	Discutendo il conto
Ah, não...	No, no...
Eu acerto.	Io pago.
Deixe que eu pago essa.	Lascia, questa è mia.
Não, não. Por favor.	No, no per favore.
Eu insisto.	Offro io.
Não, essa é por minha conta.	No, questo è sul mio conto.
Você paga da próxima vez.	Paghi la prossima volta.
Por favor, eu me sinto mal.	Per favore, così non mi sento bene.
Tá certo, mas da próxima vez eu pago.	Va bene. Però, la prossima volta pago io.

Falando sobre o fim de semana ou feriado	Parlando del fine settimana
Foi bom o fim de semana?	È stato buono il fine settimana?
Foi bom o feriado?	È stato buono il giorno festivo?
Você foi para algum lugar?	Sei andato da qualche parte?
O que você fez (no fim de semana)?	Cosa hai fatto (questo fine settimana)?
Fiquei em casa.	Sono rimasto a casa.
Fiquei em casa e (assisti televisão).	Sono rimasto a casa e (ho visto la TV).
Fui a...	Sono andato a...
...já esteve lá?	...ci sei già stato?
Fui à praia.	Sono andato al mare.
Fiz um churrasco em casa.	Ho fatto una grigliata/un barbecue a casa mia.
Meus pais vieram me visitar.	I miei sono venuti a visitarmi.
Fui a um churrasco na casa de um amigo.	Sono andato a una grigliata/un barbecue a casa.
Saí para dançar no (sábado).	Sono andato a ballare (sabato).
Visitei meus parentes em (Petrópolis).	Ho visitato i miei parenti (a Petrópolis).
Tive que trabalhar.	Ho dovuto lavorare.
Fui comer neste restaurante chamado...	Ho mangiato in questo ristorante che si chiama...

Feriados e ocasiões especiais	Giorni festivi e occasioni speciali
Natal	**Natale**
Feliz Natal!	Buon Natale!
O que você pediu para o Papai Noel?	Cosa hai chiesto a Babbo Natale?
O Papai Noel lhe trouxe tudo que você pediu?	Babbo Natale ti ha portato tutto quello che volevi?

Coisas que as pessoas fazem no Natal	Cose che le persone fanno a Natale
Cantar músicas natalinas.	Cantare le musiche di natale.
Fazer compras de Natal.	Fare degli acquisti.
Se endividar.	Fare debiti.
Presentear.	Regalare.
Receber presentes.	Ricevere dei regali.
Abrir presentes.	Aprire i regali.
Ceiar/ter ceia de Natal.	Cenare.

Ano Novo	Capodanno
Feliz Ano Novo!	Buon anno!
Comer uva.	Mangiare l'uva.
Fazer um brinde.	Fare un brindisi.
Reunir os amigos.	Riunire gli amici.
Ir a festas.	Andare a delle feste.
Beber champanhe.	Bere champagne.
Fazer promessas de Ano Novo.	Fare delle promesse di Capodanno.

Dia das Bruxas	Halloween
Vai fantasiado de quê?	Come ti vesti?
Está vestido de quê?	Come ti sei mascherato?

Casamentos	Matrimoni
Parabéns!/Felicidades!	Auguri!
Boa sorte!	Buona Fortuna!/In bocca al lupo!
Onde vocês vão passar a lua de mel?	Dove andate in luna di miele?

Coisas que as pessoas fazem nos/ para casamentos	Cose che le persone fanno nei/ per i matrimoni
Escolher um vestido de noiva.	Scegliere il vestito da sposa.
Reservar a igreja.	Prenotare la chiesa.
Fazer uma lista de convidados.	Fare l'elenco degli invitati.
Mandar convites.	Inviare gli inviti.
Escolher as alianças.	Scegliere la fede.
Contratar um fotógrafo.	Contrattare un fotografo.
Se casar no civil.	Sposarsi al comune.
Ir à igreja.	Andare in chiesa.

Coisas que as pessoas fazem nos/ para casamentos	**Cose che le persone fanno nei/ per i matrimoni**
Andar até o altar.	Camminare fino all'altare.
Dizer "sim".	Dire "si".
Beijar a noiva.	Baciare la sposa.
Sair em lua de mel.	Andare in luna di miele.

Aniversários	**Compleanni**
Feliz aniversário!	*Buon compleanno!* *veja Apêndice 12 para a letra da música em italiano*
Parabéns!	Tanti Auguri!
Quantos anos?	Quanti anni?
Não aparenta.	Non sembra.
Está ficando velho!	Ora sei più vecchio!

Coisas que as pessoas fazem nos aniversários	**Cose che le persone fanno nelle feste di compleanno**
Cantar parabéns.	Cantare tanti auguri.
Fazer um desejo.	Esprimere un desiderio.
Abrir presentes.	Aprire i regali.
Fazer um discurso.	Fare un discorso.

Brindes e homenagens	**Brindisi e omaggi**
Gostaria de dizer algumas palavras.	Mi piacerebbe dire alcune parole.
Vamos brindar a...	Un brindisi a...
Aos noivos!	Agli sposi!

Presentes / Regali

Presenteando	**Regalando**
Comprei uma coisinha para você.	Ho comprato una cosina per te.
É uma surpresa.	È una sorpresa.
Trouxe uma coisa para você.	Ho portato una cosa per te.
Espero que goste.	Spero che ti piaccia.
Acho que vai gostar.	Penso che ti piacerà.
Porque eu quis.	Perché mi andava.
Pode abrir.	Puoi aprire.

Presenteando	Regalando
Gostou?	Ti è piaciuto?
Espero que sirva.	Spero che questa sia la tua taglia.
Se você não gostar eu posso trocar.	Se non ti piace, posso cambiare.
Achei que tinha a sua cara.	Quando l'ho visto ti ho pensato.
Para você não se esquecer de (mim/nós).	Per non dimenticarti di me/noi.
Que bom que você gostou.	Che bello che ti è piaciuto.

Recebendo um presente	Ricevendo un regalo
Adoro/Detesto surpresas.	Adoro/Odio le sorprese.
Posso abrir?	Posso aprire?
Nossa! Obrigado.	Accidenti! Grazie.
Que surpresa!	Che sorpresa!
Que gentil.	Come sei gentile.
Ah! Legal!	Ah, bello!
Não precisava.	Non c'era bisogno.
Não precisava se importar.	Non c'era bisogno di preoccuparti.
Sinto-me mal.	Non mi sento bene.
Não posso aceitar isso.	Per favore, non lo posso accettare.
Por que você fez isso?	Perché hai fatto questo?
Adorei o presente. Obrigado.	Mi è piaciuto tantissimo il regalo. Grazie.

Fé e religião	Fede e religione
Se Deus quiser.	Se Dio vuole.
Só Deus sabe.	Solo Dio lo sa.
Acredito em Deus.	Credo in Dio.
Tenho fé em Deus.	Ho fede in Dio.
Tenha fé em Deus.	Abbia fede in Dio.
Peça a Deus para lhe guiar.	Chiedi a Dio di guidarti.
Agradeço a Deus por...	Ringrazio Dio per...
Acredito que tudo acontece por um motivo.	Credo che tutto quello che succede abbia un motivo.
Acredito na vida depois da morte.	Credo nella vita dopo la morte.
Acredito que fazemos parte de um grande plano.	Credo che facciamo parte di un grande piano.
Acredito que nós todos temos uma missão aqui.	Credo che tutti noi abbiamo una missione qui.
Acredito no destino.	Credo nel destino/fato.
Tudo tem seu motivo.	Tutto ha una ragione.

Desculpas	Scuse
Numa ligação pessoal	**Durante una telefonata personale**
A minha bateria está acabando.	La mia batteria sta finendo.
Tem alguém...	C'è qualcuno...
Estou com visita.	Ho una visita.
Tem alguém na porta.	C'è qualcuno alla porta.
Não estou podendo falar agora.	Ora non posso parlare.
No telefone do escritório	**Al telefono dell'ufficio**
Tem alguém me aguardando.	C'è qualcuno che mi aspetta.
Tenho uma outra ligação.	Ho un' altra telefonata.
Ele está em reunião.	Lui è in una riunione.
Ele está viajando.	Lui sta viaggiando.
Nossos computadores estavam fora do sistema.	I nostri computer non funzionavano.
Quando não encontramos um arquivo/documento	**Quando non troviamo un archivio/ documento**
Tenho certeza de que está por aqui, em algum lugar.	Sono sicuro che è qui da qualche parte.
Ainda não caiu no sistema.	Ancora non è entrato nel sistema.
Deve estar entre essa papelada aqui.	È probabile che sia tra queste carte qui.
Por não ter feito algo	**Per non aver fatto qualcosa**
Andei muito ocupado(a).	Sono stato(a) molto occupato(a).
Tenho estado ocupado(a) de uns dias para cá.	Da alcuni giorni sono occupato(a).
Estava muito ocupado(a).	Ero veramente molto occupato(a).
Não deu tempo.	Non c'è stato tempo.
Surgiu um imprevisto.	C'è stato un imprevisto.
Por chegar tarde	**Per essere/arrivato in ritardo**
Tinha muito trânsito.	C'era molto traffico.
O trânsito é péssimo agora de manhã.	Il traffico ora di mattina è terribile.
Fiquei preso(a) no trânsito.	Sono stato(a) bloccato(a) dal traffico.
Fiquei preso(a) em uma reunião.	Sono rimasto(a) bloccato(a) in una riunione.

Por chegar tarde	**Per essere arrivato in ritardo**
Meu voo está atrasado.	Il mio volo è in ritardo.
Perdi a noção do tempo.	Ho perso la nozione del tempo.
Meu despertador não tocou.	La mia sveglia non è suonata.

Por ir embora cedo	**Per andare via presto**
Tenho que acordar cedo amanhã.	Devo svegliarmi presto domani.
(3:15!) Já?	Già? (3:15?)
Tenho que buscar as crianças.	Devo prendere i bambini.
Tenho que buscar um amigo no aeroporto.	Devo prendere un amico all'aeroporto.
Marquei com um amigo meu.	Ho un appuntamento con un amico mio.
Tenho que estar num lugar às (7:00).	Devo essere in un locale alle (7:00).
Já estou atrasado.	Sono già in ritardo.

Pela maneira de fazer algo	**Per il modo di far qualcosa**
Sempre fiz assim.	Ho sempre fatto così.
Sempre foi feito assim.	È stato sempre fatto così.
Fui criado assim.	Sono cresciuto così.
É de família.	È di famiglia.

Por não entrar em contato	**Per non contattare**
Ando tendo problemas com meu e-mail.	Ho dei problemi con l'e-mail.
Estava fora do escritório.	Non ero in ufficio.
Estava viajando.	Stavo viaggiando.
Estava numa reunião.	Ero in una riunione.
Desculpe-me, mas perdi o número do seu telefone.	Mi scusi, ma ho perso il suo numero di telefono.
Não consegui ligar.	Non sono riuscito a chiamarti.
Ando ocupadíssimo estes dias.	Sono occupatissimo questi giorni.

Pelo italiano imperfeito	**Per l'italiano non perfetto**
Eu falava bem melhor.	Parlavo molto meglio.
Eu entendo mais do que falo.	Capisco meglio di quanto parli.
Não estou acostumado com seu sotaque.	Non sono abituato al tuo accento.
Ainda estou estudando.	Sto ancora studiando.

Por não ter dinheiro	Per non avere soldi
Acabei de pagar (o apartamento).	Ho appena finito di pagare (l'appartamento).
Tive uma série de imprevistos (mês passado).	Ho avuto delle spese che non mi aspettavo (il mese scorso).

Por comer muito	Per mangiare molto
Vou malhar amanhã.	Domani vado in palestra.
Vou começar meu regime (amanhã).	(Domani) comincia la mia dieta.
Um só não faz mal.	Uno solo non fa male.
Não tomei café da manhã.	Non ho fatto colazione.
Pulei o almoço.	Ho saltato il pranzo.
Bom, é uma ocasião especial.	Bene, è un'occasione speciale.

Por não comer	Per non mangiare
Já comi.	Ho già mangiato.
Acabei de comer.	Ho appena finito di mangiare.
Estou fazendo um regime.	Sono a dieta.
Estou meio mal do estômago.	Il mio stomaco non va bene.

Por não beber	Per non bere
Estou dirigindo.	Sto guidando.
Sou fraco para bebida.	Non reggo le bevande alcoliche.
Parei.	Ho smesso.

Por beber	Per bere
Ah, um só não faz mal.	Uno solo non fa male.
Tá bom, só um pinguinho/dedinho.	Va bene, ma solo un po'.
Tá bom, só um então.	Va bene, solo uno.
Por que não? É uma ocasião especial.	Perché no? È un'occasione speciale.

Por ficar bêbado	Per essersi ubriacati
Não estou acostumado a beber tanto.	Non sono abituato a bere così tanto.
Quase nunca bebo.	Quasi mai bevo alcolici.
Só bebo socialmente.	Bevo solo in compagnia.

Por fumar	Per fumare
Estou tentando diminuir.	Sto provando a diminuire.
Vou parar.	Smetterò.
Agora só fumo (4) cigarros por dia.	Adesso fumo soltanto (4) sigarette al giorno.
Fumava (2) maços por dia.	Fumavo (2) pacchetti al giorno.
É o único vício que tenho agora.	È l'unico vizio che mi è rimasto.

Pela bagunça da casa	Per la casa in disordine
É a folga da empregada hoje.	È il giorno libero della colf.
Ando tão ocupado que nem dá tempo de limpar nada.	Sono così occupato che non ho tempo di pulire niente.
É geralmente mais em ordem.	Di solito è più in ordine.

Pelo carro sujo	Per la macchina sporca
Não deu tempo de mandar lavar.	Non ho avuto tempo di lavarla.
Estou querendo deixar para lavar.	La devo lasciare al lavaggio.
Não tive tempo.	Non ho avuto tempo.
Nunca deixo meu carro assim.	Non lascio mai la mia macchina così.

Por algo quebrado	Per aver rotto qualcosa
Estou querendo arrumar.	Voglio ripararlo.
Estou juntando um dinheiro para consertar.	Sto risparmiando soldi per aggiustarlo/ripararlo.
Não vale a pena consertar.	Non vale la pena aggiustarlo.
Vou vender mesmo.	Lo venderò.

Por guardar algo velho	Per conservare qualcosa di vecchio
Não consigo jogar fora.	Non riesco a buttare via.
Tem (muito) valor sentimental.	Ha un (gran) valore sentimentale.
Traz muitas lembranças.	Mi porta molti ricordi.
Era do (meu avô).	Era di (mio nonno).
A moda pode voltar.	La moda può ritornare.

Por esquecer o nome de alguém	Per aver dimenticato il nome di qualcuno
Sou péssimo com nomes.	Sono terribile con i nomi.
Às vezes até esqueço o meu nome.	Alle volte mi dimentico perfino del mio nome.
Estou perdendo a memória.	Sto perdendo la memoria.
Mas nunca me esqueço de um rosto.	Ma non mi dimentico mai di una faccia.

Por dizer algo insensível	Per aver detto qualcosa di insensibile
Saiu errado, não é isso.	Mi sono espresso male, non è questo.
Não foi isso que eu quis dizer.	Non è stato questo che ho voluto dire.
Não é nada...	Non c'è niente...
Desculpe-me. Estou tendo um dia péssimo.	Scusami, sono in un pessimo giorno.

Por recusar um convite	Per rifiutare un invito
Tenho outro compromisso.	Ho un altro appuntamento.
Vou estar fora.	Non ci sarò.
Não vou poder a essa hora.	A quest'ora non posso.
Agora não é uma boa hora.	Adesso non è un buon momento.

Por cancelar um compromisso	Per cancellare un appuntamento
Surgiu um imprevisto.	C'è stato un imprevisto.
Algo surgiu no último minuto.	All'ultimo momento è sopravvenuto…
Me esqueci de outro compromisso que eu tinha.	Mi sono scordato di un altro impegno che avevo.
Infelizmente surgiu um problema no trabalho e...	Purtroppo, ho avuto un problema al lavoro e...

Por comprar algo caro	Per comprare qualcosa di caro
Estava em promoção/liquidação.	Era in vendita promozionale.
Foi uma pechincha.	È stato veramente a buon mercato.
Não resisti.	Non sono riuscito a resistere.
É um investimento.	È un investimento.
Eu vejo como um investimento.	Lo vedo come un investimento.
Gosto de coisas caras.	Mi piacciono le cose care.

Por não gastar	Per non spendere soldi
Estou me controlando agora.	Adesso mi sto controllando
Tudo vai se somando.	Tutto va nel conto.
Estou economizando para...	Sto risparmiando per…

Por não comprar alguma coisa para alguém	Per non comprare qualcosa a qualcuno
Não sabia seu tamanho.	Non sapevo la tua taglia.
Seu presente está em casa.	Il tuo regalo è a casa mia. (informal)
Seu presente está em casa.	Il suo regalo è a casa mia. (formal)
Te darei no seu aniversário.	Te lo darò al tuo compleanno. (informal)
Lhe darei no seu aniversário.	Glielo darò al suo compleanno. (formal)

Por ser infiel	Per essere stato infedele
Ele/Ela é só um amigo.	Lui/lei è solo un amico.
Estamos numa fase muito difícil agora.	Siamo in una fase molto difficile ora.
Não deixo a coisa ficar séria.	Non lascio che la cosa diventi seria.
Vou terminar tudo. (Eu só preciso de um pouco de tempo.)	Finirò tutto. (Ho bisogno soltanto di un po' di tempo.)
Só estou me divertindo.	Mi sto divertendo.
Eu sou humano.	Sono umano.
Estou casado mas não estou morto.	Sono sposato(a) ma non sono morto(a).

Por fazer algo que não deveria	Per fare qualcosa che non si dovrebbe fare
Sei lá. A vida é uma só.	Non lo so. La vita è una sola.
Quem vai descobrir?	Chi potrebbe scoprirlo?
Não deu para evitar.	Non sono riuscito a evitare.
Não tive escolha.	Non ho avuto scelta.
Uma coisa levou à outra...	Una cosa ha tirato l'altra...
Aqui (no Brasil) todo mundo faz.	Qui (in Brasile) tutti fanno così.

Doença / Malattia

Antes	Prima
O que você tem?	Cosa hai?
Você está bem?	Stai bene?
Você não está com uma cara muito boa.	Non hai un bell'aspetto.

Antes	Prima
Você está um pouco...	Sei un po'...
Acho melhor você ir para casa.	Penso che sia meglio ritornare a casa.
Vá para casa e descanse.	Va a casa e riposati.

Durante	Durante
Estou doente.	Sono malato.
Não estou me sentindo muito bem.	Non mi sento molto bene
Estou com...	Ho....
	veja Apêndice 4 para mais vocabulário sobre doenças específicas
Estou péssimo.	Mi sento terribile.
Soube que você não está se sentindo muito bem.	Ho saputo che non ti senti molto bene.
Fiquei sabendo que você tem...	Ho saputo che tu hai...
O que você tem?	Che cosa hai?
Posso fazer alguma coisa?	Posso fare qualcosa?
O que você tem que fazer é...	Quello che devi fare è...
A melhor coisa é...	La miglior cosa è...
Como é que você está?	Come ti senti?
Eu sei como você está se sentindo.	Io lo so come ti senti.
Odeio isso.	Odio tutto questo.
Posso imaginar como você está se sentindo.	Posso immaginare come ti senti.
Só precisa descansar.	Hai bisogno soltanto di riposarti.
Espero que se sinta melhor.	Spero che ti senta meglio.
Se precisar de alguma coisa, é só me ligar.	Se hai bisogno di qualcosa basta chiamarmi.

Depois	Dopo
Estava resfriado.	Ero raffredato.
Você está se sentindo melhor?	Ti senti meglio?
Você está com uma cara melhor.	Hai un aspetto migliore.
Que bom que você está se sentindo melhor.	Meno male che ti senti meglio.

Novidades	Novità
Querendo saber as novidades	**Volendo sapere le novità**
Então, alguma novidade?	Allora, quali sono le novità?
Você tem notícias de...?	Hai notizie di...?
Alguma novidade sobre...?	Qualche novità su...?
Dando boas notícias	**Dando buone notizie**
Tenho boas notícias.	Ho buone notizie.
Tenho ótimas notícias!	Ho ottime notizie!
Ah, adivinhe!	Indovina?
Reagindo às boas notícias	**Reagendo alle buone notizie**
Nossa, que ótimo!	Che bello!
Fico contente.	Sono molto contento.
Parabéns!	Auguri!
Dando más notícias	**Dando cattive notizie**
Tenho más notícias.	Non ho buone notizie.
Lamento dizer...	Mi dispiace comunicare...
Gostaria de poder lhe dar notícias melhores.	Mi piacerebbe avere notizie migliori.
Odeio ter que lhe dizer isso.	Odio dirti questo.
Reagindo a más notícias	**Reagendo alle cattive notizie**
Ah, não.	Ah, no.
Você está brincando!	Ma che, scherzi?
Sinto muito.	Mi dispiace molto.
Misturando boas e más notícias	**Mescolando buone e cattive notizie**
Eu tenho duas notícias: uma boa e uma má.	Ho due notizie: una buona e un' altra cattiva.
Qual você quer? (a boa ou a má?)	Quale preferisci? (quella buona o quella cattiva?)
A boa notícia é que.../A má notícia é que...	La buona notizia è che.../La cattiva è che...

Reagindo a notícias sobre um novo relacionamento	Reagendo alla notizia di un nuovo rapporto
Qual é o nome dele/dela?	Qual è il suo nome?
Como ele/ela é?	Come è lui/lei?
Ele é bonito? Ela é bonita?	È bello(a)?
Onde você o(a) conheceu?	Dove l'hai conosciuto(a)?
O que ele/ela faz?	Caso fa lui/lei?
É sério?	È una cosa seria?

Reagindo a notícias sobre um noivado	Reagendo alla notizia di un prossimo matrimonio
Quando é o grande dia?	Quando sarà il grande giorno?
Quem é o(a) felizardo(a)?	Chi è il fortunato/la fortunata?
Como ele/você lhe pediu em casamento?	Come ti ha chiesto in matrimonio?
Já estão pensando em filhos?	Pensate di avere figli?
Para onde vocês vão na lua de mel?	Dove andate nella vostra luna di miele?

Reagindo a notícias sobre uma gravidez	Reagendo alla notizia di una gravidanza
Quando você ficou sabendo?	Quando l'hai saputo?
Você está de quantos meses?	Quanti mesi?
Nossa, não está nem mostrando.	Mah! Non sembra.
Para quando é?	Per quando è?
É menino ou menina?	È un bambino o una bambina?
Já pensou em algum nome?	Hai già pensato al nome?
É seu primeiro filho?	È il tuo primo figlio?

Reagindo a notícias sobre um novo emprego	Reagendo alla notizia di un nuovo lavoro
Quando você começa?	Quando cominci?
Você está animado?	Ti senti animato?
Você vai ganhar bem?	Guadagnerai bene?

Reagindo a notícias sobre uma nova casa	Reagendo alla notizia di una nuova casa
Onde fica?	Dove è?
Quantos dormitórios?	Quante camere?
Tem piscina?	C'è la piscina?
Você vai dar uma festinha?	Farai una piccola festa?
Tem jardim?	C'è il giardino?

Reagindo a notícias sobre o falecimento de um parente	Reagendo alla notizia della morte di un parente
Sinto muito.	Mi dispiace.
Fiquei triste com a notícia.	Sono rimasto(a) dispiaciuto con questa notizia.
Como aconteceu?	Come è successo?
Se precisar de alguma coisa, pode contar comigo.	Se avrai bisogno di qualcosa puoi contare su di me.
Me avise se houver algo que possa fazer.	Dimmi se posso fare qualcosa.
Está em um lugar bem melhor.	È in un posto migliore.
Meus pêsames.	Le mie condoglianze.

Reagindo a notícias sobre a perda do emprego	Reagendo alla notizia della perdita del lavoro
Não se preocupe.	Non ti preoccupare/Non preoccuparti.
É só por um tempo.	È solo momentaneo.
Isso acontece a toda hora.	Questo succede sempre.
Eles perderam um ótimo funcionário.	Hanno perso un ottimo funzionario.
Eles não mereciam você.	Loro non ti meritavano.

Reagindo a notícias sobre um divórcio ou fim de um relacionamento	Reagendo alla notizia di un divorzio o della fine di un rapporto
Estou aqui se precisar de mim.	Sono qui se hai bisogno di me.
Vai ser bem melhor para você.	Sarà meglio per te.
Talvez seja bem melhor assim.	Magari è meglio così.
Ele/Ela não merecia você.	Lui/lei non ti meritava.
Você merece coisa bem melhor.	Meriti qualcosa di meglio.
Dava para perceber que tinha alguma coisa errada.	Si vedeva che c'era qualcosa di sbagliato.

A situação financeira	La situazione finanziaria

Esta seção tem vários propósitos. Um deles é o simples ato cotidiano de reclamar ou falar de sua situação econômica.

Bom	Buono
Estou indo bem.	Le cose per me stanno andando bene.
Estou bem satisfeito com a minha situação financeira agora.	Adesso sono soddisfatto della mia situazione finanziaria.
Não posso reclamar.	Non posso lamentarmi.
Eu estou bem de vida.	Sto bene.
Tenho tido sorte.	Ho avuto fortuna.

Ruim	Cattivo
Poderia estar melhor.	Potrei stare meglio.
Estou tendo problemas com dinheiro.	Ho dei problemi di soldi.
Estou totalmente quebrado.	Sono completamente rovinato.
Tenho muita conta para pagar.	Ho tanti conti da pagare.

2

Italiano Geral 2

A Linguagem da Conversação

Contando histórias	Raccontando storie
Nunca vou me esquecer quando...	Non mi dimenticherò mai di quando...
Quero dizer...	Voglio dire...
Um dia desses...	Uno di questi giorni...
Isso foi (em 1998)...	Questo è stato (nel 1998)...
Eu estava em...	Io ero in/a...
Estava a caminho de...	Mi dirigevo a...
Estava voltando de...	Ritornavo da...
Tinham me pedido...	Mi avevano chiesto...
Havia um...	C'era un...
Percebi...	Mi sono reso conto di...
Estava percebendo...	Ho notato...
Então eu...	Allora io...
E então...	E allora...
Então eu disse...	Ho detto allora...
Aí o cara/a mulher disse...	Quindi il ragazzo/la ragazza ha detto...
Nisso...	Così...
E de repente...	All'improvviso...
Bem quando isso aconteceu...	Bene, quando questo è successo...

Contando histórias	Raccontando storie
Do nada...	Dal nulla...
Aconteceu tão rápido.	È successo così rapidamente.
Na época eu... Naquele momento...	A quell'epoca io... In quel momento...
E aí, então, me toquei (de que as chaves estavam no carro).	Allora, mi sono reso conto (che le chiavi erano in macchina).
Fiquei (chocado/a).	Sono rimasto(a) sbalordito(a).
E pensei comigo mesmo(a)...	Ho pensato tra me e me...
E por algum motivo...	E per qualche motivo...
Na hora, me pareceu uma boa ideia.	In quel momento, mi è sembrata una buona idea.
Como é que eu iria saber...?	Come potevo saperlo...?
Então, lá estava eu, no meio...	Quindi, ero là nel mezzo...
Não, espera. Tem mais...	No, aspetta. C'è ancora...
A pior parte foi...	La parte peggiore parte è stata...
E para piorar...	E peggio ancora...
E além disso...	Oltre a questo...
Não teria sido tão ruim, mas...	Non sarebbe così male, ma...
Então, finalmente...	Allora, finalmente...
Por sorte...	Per fortuna...
Estava começando a me sentir...	Ho cominciato a sentirmi...
É claro que eu...	Certamente io....
Felizmente...	Fortunatamente, ...
E então, como num passe de mágica...	E allora, come per magia...
E então, por um milagre...	E allora, per un miracolo...
E quando eu pensei que...	E quando ho pensato che....
Se não fosse por..., eu teria...	Se non fosse per..., io avrei....
Eu não acreditei.	Non ci ho creduto.
Eu juro por Deus...	Giuro su Dio...
Se eu não tivesse visto com meus próprios olhos, não teria acreditado.	Se non avessi visto con i miei occhi, non ci avrei creduto.
Parecia uma cena de filme/novela.	Sembrava una scena di film/telenovela
Hoje é engraçado, mas na época...	Oggi fa ridere, ma all'epoca...
Moral da história...	Morale della storia...

Registro Informal	Registro Informale
E você sabe como é quando...	Tu lo sai com'è quando...
Dá para acreditar?	È da non crederci?
Dá para imaginar?	Ti immagini?
Você pode imaginar como eu me senti?	Puoi immaginare come mi sono sentito(a)?

Registro Informal	Registro Informale
Já contei para você o que aconteceu...	Te l'ho già raccontato quello che è successo...
Você não vai acreditar no que aconteceu...	Non ci crederai (a quello che è successo)...
Você deveria ter (visto)...	Avresti dovuto (vedere)...

Registro Formal	Registro Formale
E sabe como é quando...	Lei lo sa come è quando...
Dá para acreditar?	È da non crederci?
Dá para imaginar?	Si immagina?
Pode imaginar como eu me senti?	Può immaginare come mi sono sentito(a)?
Já contei para o senhor o que aconteceu...	Gliel'ho già raccontato quello che è successo...
O senhor não vai acreditar...	Non ci crederà...
O senhor deveria ter (visto)...	Avrebbe dovuto (vedere)...

Fazendo um parêntese	Aprendo una parentesi
Só um detalhe:...	Solo un dettaglio:...
Mudando de assunto...	Cambiando argomento...
Primeiro tenho que dizer que...	Devo dire prima che...
Ah, eu me esqueci de dizer...	Ah, mi sono dimenticato(a) di dire...
Então, onde estávamos?	Quindi, dove eravamo?
Então, voltando à história.	Dunque, riprendendo la storia...

Criando expectativa	Creando delle aspettative
Você vai ver.	Vedrai.
Isso não é nada.	Questo non è niente.
Você não pode imaginar.	Tu non puoi immaginare.
Se você soubesse.	Se sapessi.
Você não sabe nem a metade da história.	Non sai neppure la metà della storia.
Tenho história para contar.	Ho tante storie da raccontare.
O que eu posso dizer é que...	Quello che posso dire è che...
Você não tem ideia.	Non hai idea.
Só para você ter uma ideia...	Solo per avere un'idea...
Digamos assim: ...	Diciamo così: ...
Vamos só dizer que...	Diciamo solo che...

Quando faltam as palavras	Quando mancano le parole
Deixe-me ver...	Lasciami vedere...
Deixe-me pensar...	Lasciami pensare...
É difícil falar...	È difficile parlare...
Como é que eu posso explicar?	Come posso spiegare?
Não dá muito para explicar.	Non c'è come spiegare.
É meio...	È un po'...
Sabe...	Lo sai...
É tipo...	È tipo...
Sei lá...	Non lo so...
Não sei bem a palavra/expressão em italiano.	Non la so bene la parola/l'espressione in italiano.
Acho que não tem equivalente em italiano.	Penso che non ci sia un corrispondente in italiano.
...na falta de outra palavra.	...in mancanza di un'altra parola.
...mais ou menos isso.	...più o meno questo.
Algo tipo...	Come...
Qual é a palavra...	Qual è la parola...
Não sei como descrever isso...	Non so come descrivere questo...
É uma história meio longa.	È una storia un po' lunga.
Isso me lembra (mais ou menos)...	Ciò mi ricorda (più o meno)...

Sendo genérico — Essendo generico

Para poder falar mais fluentemente, usa-se muito uma linguagem menos exata. Eis aqui algumas expressões que podem ajudá-lo.

Quantidade	Quantità
Cerca de...	Verso/circa...
Tipo...	Tipo...
Alguns...	Alcuni...
Só um pouco.	Solo un po'.
Sim, bastante.	Sì, molto.
Bastante...	Molto...
Muito...	Molto...
Muitos...	Molti...
Uma quantidade enorme.	Una quantità enorme.
Um monte de...	Un sacco di...
Todos os tipos de...	Tutti i tipi di...
Todo tipo de...	Ogni tipo di...
Uma grande quantidade de (dinheiro)...	Una gran quantità di (soldi)...
Suficientemente...	Abbastanza...
É bom demais!	È troppo bello!

Tempo	Tempo
Um tempo	Un tempo
Por algum tempo	Per qualche tempo
Já faz um tempo	È da un po' di tempo
Muito tempo	Molto tempo
Algum tempo atrás	Qualche tempo fa
Faz muito tempo que...	È da molto tempo che...
Outro dia...	L'altro giorno...
Não faz muito tempo...	Non è molto tempo...
Há alguns dias...	Alcuni giorni fa...
Recentemente...	Recentemente...
Daqui a algum tempo	Fra qualche tempo
A qualquer momento	A qualsiasi momento
A qualquer hora	A qualsiasi ora
A qualquer dia	In qualsiasi giorno
Esses dias	Questi giorni
Algum dia	Qualche giorno
Um dia desses...	Uno di questi giorni
Qualquer dia (na semana que vem)	Qualsiasi giorno (nella prossima settimana)
Às vezes	Alle volte
O tempo todo	Tutto il tempo

Localização	Localizzazione
Na frente de...	Davanti a...
Atrás de...	Dietro a...
Ao lado de...	Accanto a...
Entre	Tra/fra
Lá	Là
Lá no fundo	Là in fondo
Perto de...	Vicino a...
Longe de...	Lontano da...
Em algum lugar	In qualche posto
Na esquina com...	All'angolo con...
Bem aí	Proprio lì

Discurso de alguém	Discorso di qualcuno
Algo como...	Una cosa come...
Não me lembro o que ele falou exatamente.	Non mi ricordo cosa ha detto lui esattamente
...algo assim.	...una cosa così.
...mais ou menos isso.	...più o meno questo.
Como você dizia...	Come dicevi...
Como o senhor dizia...	Come Lei diceva...

Motivo	Motivo
Por algum motivo.	Per qualche motivo.
É aquela coisa...	È quella cosa.
É por aquilo...	È per quello...
O motivo é...	Il motivo è...
A razão é...	La ragione è...

Algo	Qualcosa
Alguma coisa assim...	Qualcosa così...
Esse tipo de coisa...	Questo tipo di cosa...
Coisas desse tipo...	Cose di questo genere...
Certas coisas...	Certe cose...

Pessoa	Persona
Um cara.	Un ragazzo.
Uma mulher.	Una ragazza.
Uma criança.	Un bambino.
Um neném.	Un bimbo.
Um jovem.	Un giovane.
Um adolescente.	Un adolescente.

Atividade	Attività
Nada em particular.	Niente di particolare.
Nada de novo.	Niente di nuovo.

Opinião	Opinione
Sei lá...	Non lo so...
Mais ou menos.	Così così/più o meno.
Não sei não.	Veramente, non lo so.
Concordo com...	Sono d'accordo con...
Eles não concordam...	Loro non sono d'accordo...

Brincando	Scherzando
Estou brincando.	Sto scherzando.
Não leve muito a sério o que digo.	Non devi prendere in considerazione quello che dico.
Não me veja como uma pessoa séria...	Non devi vedermi come una persona seria...

Falando sério	Parlando seriamente
Agora é sério...	Adesso è serio, ...
Estou falando sério.	Parlo seriamente.
Eu não estou brincando.	Non sto scherzando.
Mas, falando sério...	Però, parlando seriamente...

Demonstrando atenção	Dimostrando attenzione

Algumas "palavrinhas" durante uma conversa podem incentivá-la ou não, mostrando o seu interesse. Observe as palavras abaixo e veja como você as usa em português, para também usá-las em italiano.

Mm-hmm.	Ehm...
Isso.	Si, è questo.
Sei.	Capisco.
É verdade.	È vero.
Certo.	Di sicuro/certamente.
Tá bom.	Va bene.
Claro.	Certamente.
É mesmo?	Davvero?
Ah, é?	Ah, sì?
Interessante.	Interessante.
Mmm.	Mm...

Expressando interesse	Mostrando interesse
Ah, é?	Veramente?
É mesmo?	È vero?
Interessante.	Interessante.
Que ótimo.	Ottimo.
Legal.	Che buono.
De verdade?	Ma, veramente?
Sério?	Davvero?
Jura?	Stai scherzando?/Sul serio?

Mostrando compreensão	Mostrando comprensione
Entendi.	Ho capito.
Entendo o que está dizendo.	Capisco quello che stai dicendo.
Entendo perfeitamente.	Capisco benissimo.
Tá. Agora entendi.	Va bene. Adesso l'ho capito.
Ah, entendi.	Ho capito!

Falta de compreensão	Mancanza di comprensione
Não sei se entendi.	Non so se ho capito.
Como assim?	Come?
(Ainda) não entendi direito.	(Ancora) non ho capito molto bene.
Ah, tá! Eu tinha entendido bem...	Ah, va bene! avevo capito bene.

Registro Informal	Registro Informale
Desculpe-me. Você me confundiu.	Scusami, mi hai confuso.
Desculpe, não entendi.	Scusami, ma non ho capito.
Ah, desculpe. Eu entendi (tudo) errado.	Ah! Scusami. Avevo capito (tutto) sbagliato.

Registro Formal	Registro Formale
Desculpe-me. O senhor me confundiu.	Mi scusi, mi ha confuso.
Desculpe, não entendi.	Mi scusi, ma non ho capito.
Ah, desculpe-me. Eu entendi (tudo) errado.	Ah! Mi scusi. Avevo capito (tutto) sbagliato.

Confirmando se entendeu	Verificando se ha capito
Tá, então...	Allora, va bene...
Ou seja...	Ossia...
Você quer dizer que...?	Tu vuoi dire che...?
O senhor quer dizer que...?	Lei vuole dire che...?
Deixe-me ver se entendi...	Lasciami vedere se ho capito...
É isso?	È questo?

Confirmando se o outro entendeu	Verificando se l'altro ha capito
Tudo bom?	Tutto bene?
Acho que eu não estou sendo muito claro.	Forse non sono molto chiaro.
Vocês estão entendendo?	State capendo?

Registro Informal	Registro Informale
Sabe?/Entende?	Lo sai?/Capisci?
Você está me entendendo?	Mi stai capendo?
Você me entendeu? Você me entende?	Mi hai capito? Mi capisci?
Você entendeu o que eu quis dizer?	Hai capito quello che ho voluto dire?

Registro Formal	Registro Formale
Sabe?/Entende?	Lei lo sa?/Lei capisce?
O senhor está me entendendo?	Mi sta capendo?
O senhor me entendeu?	Mi ha capito?
O senhor me entende?	Mi capisce?
O senhor entendeu o que eu quis dizer?	Ha capito quello che ho voluto dire?

O previsível	Il prevedibile
Tinha certeza.	Ero sicuro.
Eu sabia.	Lo sapevo.
Claro.	Certamente.
Típico.	Tipico.
É sempre assim.	È sempre così.
Não me surpreende.	Non mi sorprende.
Quem mais?	Chi altro?
Como sempre.	Come sempre.
Era disso que eu tinha medo.	Era di questo che avevo paura
Não é sempre assim?	Non è sempre così?

Mudando de assunto	Cambiando argomento
Por falar em...	Parlando di...
Por falar nisso...	Parlando di questo...
Mudando um pouco de assunto...	Cambiando un po' argomento...
Isso não tem nada a ver com o que nós estamos falando agora, mas...	Questo non c'entra con quello che stiamo dicendo ora, ma...
Antes que eu me esqueça...	Prima che io mi dimentichi...
Vamos mudar de assunto.	Cambiamo argomento.
Vamos falar sobre outra coisa.	Parliamo di un'altra cosa.

Lembrando	Ricordando

Tentando se lembrar	Provando a ricordarsi
Não me lembro.	Non me lo ricordo.
Assim de cabeça, não.	Così, a memoria no.
Que eu lembre, não.	Da quello che mi ricordo, no.
Deixe-me ver...	Lasciami vedere...
Ah, sim!/Agora lembrei!	Ah, sì/Adesso mi sono ricordato(a)!
Como pude me esquecer?	Come ho potuto dimenticare?
Bom, agora que você falou, ...	Bene, ora che l'hai detto, ...

Lembrando uma pessoa de algo	Ricordando a una persona di qualcosa

Registro Informal	Registro Informale
Você se lembra?	Te lo ricordi?
Você não se lembra?	Non te lo ricordi?

Registro Formal	Registro Formale
O senhor se lembra?	Lei se lo ricorda?
O senhor não se lembra?	Lei non se lo ricorda?

Coisas que fazem você se lembrar	Cose che ti fanno ricordare
Isso me lembra...	Ciò mi ricorda...
Toda vez que eu... eu penso em...	Tutte le volte che io... io penso a....
Isso me traz tantas lembranças.	Questo mi porta tanti ricordi.
Nunca vou me esquecer quando...	Non dimenticherò mai quando...
Você me lembra um amigo....	Mi ricordi un amico...

Fofoca	Pettegolezzi
Você soube o que aconteceu?	Hai saputo quello che è successo?
Você não vai acreditar no que aconteceu...	Non crederai a quello che è successo...
Você pode guardar um segredo?	Puoi mantenere un segreto?
Cá entre nós...	Tra di noi...
Ninguém pode saber.	Nessuno può saperlo.
Não se preocupe. Não vou abrir a boca.	Non ti preoccupare. Non lo racconterò a nessuno.
Pelo que ouvi...	Da quello che ho ascoltato...
Não sei. Foi o que me disseram.	Non lo so. È stato quello che mi hanno detto.
Estão falando que...	Dicono che...
Olha, isso é meio em "off"...	Senti, ti racconto questo in "off"...
Olha, não falei nada...	Senti, non ho detto niente...
Olha, não sei de nada...	Senti, non so niente...

Chegando ao assunto	Arrivando al tema
Bem, ...	Bene, ...
Bom, enfim....	Infine, ...
A questão é...	La questione è...
O mais importante é...	Il più importante è...
A questão principal é...	La questione principale è...
O ponto principal é...	Il punto principale è...
O que interessa é...	Quello che interessa è...
O que interessa é o seguinte: ...	Quello che interessa è questo: ...
No final...	Alla fine...
O ponto é...	Il punto è...
O fator principal é: ...	Il fattore principale è:
O que importa mesmo aqui é...	Quello che importa qui è...
O que eu sei é que...	Quello che so è che...
O que estou dizendo é que...	Quello che sto dicendo è che...
O que estou querendo dizer é que...	Quello che voglio dire è che...
Eu só estou querendo dizer que...	Voglio solo dire che...
Não importa como você vê isto...	Non importa come vedi questo...

Concordando	Essendo d'accordo
É verdade.	È vero.
Eu concordo.	Sono d'accordo.
Eu também acho.	Anch'io lo penso così.

Concordando	Essendo d'accordo
Eu também.	Neanch'io.
Eu também não.	Neanch'io.
Concordo 100%.	Concordo al 100% (cento per cento).
Com certeza.	Certamente/di sicuro.
Sem dúvida.	Senza dubbio.

Discordando	Discordando
Eu não concordo.	Non sono d'accordo.
Eu não acho.	Non lo penso.
Eu não vejo assim.	Non la vedo così.
Eu entendo o que você está tentando dizer, mas...	Capisco quello che dici, ma...
Concordo que..., mas...	Sono d'accordo che..., ma...
Concordo até certo ponto.	Sono d'accordo fino ad un certo punto.

Estar em dúvida	Essere in dubbio
Não estou dizendo que concordo ou não.	Non dico che sono d'accordo o no.
Entendo (isso).	Capisco (questo).
Sei o que está dizendo.	So quello che stai dicendo.
Entendo o que está dizendo.	Capisco quello che stai dicendo.
É uma maneira interessante de ver (isso).	È una maniera interessante di vedere (questo).
Nunca pensei nisso desta forma.	Non ci ho mai pensato così.
Bem, sim e não.	Bene, sì e no.

Perguntando se as pessoas concordam	Domandando se le persone sono d'accordo
Registro Informal	**Registro Informale**
Você não acha?	Non pensi?
Você não acha que...?	Non pensi che...?
Concorda comigo?	Sei d'accordo con me?

Registro Formal	Registro Formale
O senhor não acha?	Lei non pensa?
O senhor não acha que...?	Lei non pensa che...?
O senhor concorda comigo?	Lei è d'accordo con me?

Surpresa	Sorpresa
Nossa!	Oh!
Meu Deus!	Dio mio!
Não acredito!	Non ci credo!
Está falando sério?	Stai dicendo sul serio?
Está brincando!	Stai scherzando!
Não dá para acreditar!	Non posso crederci!
Mesmo?	Veramente?
Quem diria?	Chi lo direbbe?
Tem certeza?	Sei sicuro?

Descrevendo uma surpresa	Descrivendo una sorpresa
Foi uma grande surpresa.	È stata una gran sorpresa.
Não estava (mesmo) esperando isso.	(Veramente) non me l'aspettavo.
Nunca teria imaginado...	Non l'avrei mai immaginato...
Essa é a última coisa que eu poderia imaginar.	Questa è l'ultima cosa che avrei potuto immaginare.
Nunca sonhei...	Non ho mai sognato...
Demorou para eu aceitar.	Ci ho messo un po' di tempo per accettare.
Sempre acontece quando você menos espera.	Queste cose succedono sempre quando uno non se le aspetta.
Veio do nada.	È venuto dal nulla.

Aceitando um acontecimento ou notícia desagradável	Accettando ciò che è successo o una notizia sgradevole
Pois é.	Ah, bene.
Grande coisa.	Granché.
Faz parte.	Fa parte.
É a vida.	È la vita.
Fazer o que, né?	Cosa si può fare?
Lei de Murphy.	Legge di Murphy.
Não dá para ter tudo perfeito.	Non si può avere tutto alla perfezione.
Não é o fim do mundo.	Non è la fine del mondo.
Acontece.	Succede.

Tranquilizando	Tranquillizzando
Não se preocupe.	Non ti preoccupare.
Não se preocupe, senhor.	Non si preoccupi.
Vai dar tudo certo./Tudo vai dar certo.	Tutto andrà bene.
Isso não é nada.	Questo non è niente.
Estas coisas sempre acontecem.	Queste cose succedono sempre.
Se eu fosse você não me preocuparia.	Se io fossi in te non mi preoccuperei.
Tenho certeza de que não é nada.	Sono sicuro che non è niente.
Se serve de consolo...	Se ciò ti consola...
As coisas sempre acabam se resolvendo.	Le cose sempre si risolvono.
No final, dá tudo certo.	Alla fine, tutto va bene.
Poderia ser bem pior.	Potrebbe essere peggio.
Eu sei exatamente o que você está passando.	Lo so esattamente quello che ti sta succedendo.
Já passei por isso.	Ho già vissuto questo.
Bom, pelo menos...	Bene, almeno...
Ainda bem que você...	Meno male che tu....

Emoções / Emozioni

Necessidades físicas	Necessità fisiche
Estou com fome.	Ho fame.
Estou com sede.	Ho sete.
Preciso ir ao banheiro.	Devo andare in bagno.
Tenho que fazer xixi.	Devo fare la pipì.
Estou com frio/calor.	Ho freddo/caldo.

Registro Informal	Registro Informale
Está com fome?	Hai fame?
Está com sede?	Hai sete?
Está com frio/calor?	Hai freddo/caldo?
Está de (malha)?	Hai (un maglione)?
Você não está com calor?	Non hai caldo?
Por que não tira a (malha)?	Perchè non togli (il maglione)?
Por que não coloca a (malha)?	Perchè non ti metti (il maglione)?

Registro Formal	Registro Formale
Está com fome?	Ha fame?
Está com sede?	Ha sete?
Está com frio/calor?	Ha freddo/caldo?
Está de (malha)?	Ha (un maglione)?
Não está com calor?	Non ha caldo?
Por que não tira a (malha)?	Perchè Lei non toglie (il maglione)?
Por que não coloca a (malha)?	Perchè Lei non mette (il maglione)?

Alegria	Allegria
Que ótimo.	Che bello!
Que bom que você (gostou).	Che bello che ti (è piaciuto).
Que bom que deu tudo certo.	Che bello che tutto sia andato bene.
Nunca estive tão feliz na minha vida.	Non sono mai stato così felice in vita mia.

Tristeza	Tristezza
Você está bem?	Stai bene?
O senhor está bem?	Lei sta bene?
Parece meio triste.	Sembri un po' triste.
O senhor parece meio triste.	Lei sembra un po' triste.
Que pena.	Che peccato.
Estou me sentindo meio triste.	Mi sento un po' triste.
Não estou me sentindo muito bem.	Non mi sento molto bene.
Estou passando por uma fase meio difícil agora.	Adesso sono in una fase un po' difficile.
Ando meio esquisito esses dias.	Non sto bene in questi giorni.

Nojo	Schifo
Que nojo.	Che schifo.
Não quero nem ouvir isso.	Non voglio sentirne parlare.
Que nojento!	Che schifoso!

Saudades	Mancanza di qualcuno o di qualcosa
Que saudades!	Che nostalgia!
Sinto (tantas) saudades dela/dele/disso.	Mi manca (tanto) lui/lei/loro quello
Faz tanto tempo que eu não...	È da tanto tempo che io...
Sinto a sua falta.	Sento la tua mancanza.
Tenho saudades de você.	Mi manchi.

Decepção	Delusione
Estou um pouco decepcionado.	Sono un po' deluso.
Não é o que eu imaginei.	Non è quello che io avevo immaginato.
Fazer o que...	Cosa fare....
Eu esperava mais...	Io speravo di più...

Gostar	Piacere
Você gosta?	Ti piace?
O(A) senhor(a) gosta?	Le piace?
Gosto muito.	Mi piace molto.
Adoro.	Adoro.
Acho ótimo.	Penso che sia molto buono.

Não gostar	Non piacere
Não acho grande coisa.	Non penso che sia una gran cosa.
Não gosto muito.	Non mi piace molto.
Não suporto (isso).	Non ce la faccio.
Não me faz falta nenhuma.	Non mi manca.
O(A) senhor(a) não gosta...	Non Le piace...
Você não gosta disto.	Non ti piace questo.

Culpa	Colpa
Não se sinta mal.	Non si senta male. (formal)
Não se sinta mal.	Non sentirti male. (informal)
Sinto-me mal.	Mi sento male.
Sinto-me péssimo.	Mi sento orribile.
Sinto-me tão culpado.	Mi sento così colpevole.
Não é culpa sua.	La colpa non è tua. (informal)
Não é culpa sua.	La colpa non è sua. (formal)

Amor	Amore
Eu te amo tanto.	Ti amo così tanto/ ti voglio tanto bene.
Você é tudo para mim.	Sei tutto per me.
Você não sabe o que eu sinto por você.	Non lo sai quello che sento per te.

Lealdade	**Lealtà**
Posso confiar em você?	Posso fidarmi di te?
Sua confiança significa muito para mim.	La tua fiducia significa molto per me.
Pode contar comigo.	Puoi contare su di me.
Faria qualquer coisa para (você).	Farei qualsiasi cosa per (te).
Nunca vou abandonar (você).	Non (ti) lascerò mai.

Indiferença	**Indifferenza**
Não estou nem aí.	Non m'importa.
Tanto faz.	È uguale. È lo stesso.
Não faz a mínima diferença para mim.	Veramente, per me è uguale.

Desespero	**Disperazione**
(A essa altura) eu faço qualquer negócio.	(A questo punto) io faccio qualsiasi cosa.
Não tenho muita escolha.	Non ho molta scelta.
Por favor. O que você puder fazer.	Per favore. Quello che puoi fare.

Pena	**Pena**
Sinto pena dele/dela/deles.	Sento pena di lui/lei/loro
Eu entendo você.	Ti capisco.
Coitado.	Poverino.
Queria poder ajudar você.	Vorrei poterti aiutare.

Autopiedade	**Autocommiserazione**
Pare de sentir pena de si mesmo.	Smetti di sentire pena di te stesso.
Por que comigo?	Perché con me?
O que eu fiz para merecer tudo isso?	Cosa ho fatto per meritare tutto questo?
Que foi que eu fiz de errado?	Cosa ho fatto di sbagliato?

Otimismo	**Ottimismo**
Não se preocupe. As coisas vão melhorar.	Non ti preoccupare/Non preoccuparti. Le cose miglioreranno.
Tenho certeza de que vai dar tudo certo no final.	Sono sicuro che alla fine tutto andrà bene.
Estou certo de que as coisas vão melhorar.	Sono sicuro che le cose miglioreranno.

Pessimismo	Pessimismo
(Na verdade) não está nada bom.	(Veramente) non va tutto bene.
Não teria muita esperança, não.	Non avrei tanta speranza.
(Na verdade) não estou muito otimista sobre isso.	(Veramente) non sono molto ottimista su questo.

Raiva	Rabbia
Isso é um absurdo!	Questo è assurdo!
Não estou nada feliz com isso!	Non sono felice di questo!
Estou com muita raiva agora.	Adesso sono molto arrabbiato.

Convicção	Convinzione
Eu acredito firmemente...	Credo assolutamente...
De uma coisa tenho certeza...	Di una cosa sono sicuro...
Estou convencido de que...	Sono convinto di...

Inveja	Invidia
Você tem tanta sorte!	Tu hai tanta fortuna!
Ele/Ela tem tanta sorte!	Lui/Lei ha tanta fortuna!
Odeio você.	Ti odio...
Odeio ela.	La odio...
Odeio ele.	L'odio.
Por que ele/ela/você... e eu não?	Come mai lui/lei/tu... e io no?
Tem gente que tem sorte, né?	Ci sono persone che hanno fortuna, non è vero?

Ambição	Ambizione
Não exagere.	Non esagerare.
Isso é só o começo.	Questo è solo l'inizio...
Estou só começando.	Sto solo cominciando.
Para que ficar só no...?	Perché stare solo nel...?
Hoje é..., amanhã o mundo!	Oggi è... domani il mondo!

Vergonha	Vergogna
Estou tão envergonhado.	Mi vergogno tanto.
Não acredito que fiz isso.	Non posso credere che ho fatto questo.
Eu não faço essas coisas.	Io non faccio queste cose.

Modéstia	Modestia
Não é grande coisa.	Non è un gran che.
Não sou ninguém.	Non sono nessuno.
Sou uma pessoa como qualquer outra.	Sono una persona come qualsiasi altra.
Eu me acho uma pessoa normal.	Sono una persona normale.

Arrependimento	Pentimento
Eu (acho que) eu deveria ter...	(Penso che) io dovrei…
Eu (acho que) eu não deveria ter...	(Penso che) io non dovrei avere…
Não acredito que eu (fiz isso).	Non credo che (ho fatto questo).
Não costumo fazer isso.	Di solito, non faccio questo.
Me sinto muito mal (com...)	Mi sento molto male (per…)
Nunca vou me perdoar (por...)	Non mi perdonerò mai (per…)
Eu tinha que falar, né?	Dovevo parlare, non è vero?
Se eu pudesse voltar atrás, eu...	Se potessi ritornare, io...
Se eu tivesse outra chance, faria tudo diferente.	Se io avessi un'altra opportunità farei tutto diversamente.
Queria poder voltar atrás e tentar tudo de novo.	Vorrei tornare indireto e provare tutto un'altra volta.
Agora eu sei.	Adesso lo so.
Se eu soubesse naquela época o que eu sei hoje.	Se io avessi saputo a quell'epoca quello che so oggi.
Que pena que eu...	Che peccato che io...

Empatia	Empatia
Eu odeio isso.	Odio questo!
Odeio quando isso acontece.	Odio quando questo succede.
Eu sei o que você quer dizer.	So quello che vuoi dire.
Posso imaginar.	Posso immaginare.
Eu sei o que é isso.	So cos'è questo.
Eu sei o que você está passando.	So quello che stai passando.
Sei que não deve estar sendo fácil.	Lo so che non è facile.
Não é horrível isso?	Non è orribile questo?

Empatia	Empatia
Deve ter sido (horrível).	Dev'essere stato (orribile).
Eu sei, pode acreditar.	Credimi, io lo so.
Somos dois.	Siamo in due.
Você não está sozinho.	Tu non sei solo.

Desejos e sonhos	Desideri e sogni
Eu gostaria de (ir...)	Mi piacerebbe (andare…)
Eu gostaria de ter (visto...)	Mi piacerebbe aver (visto)
Queria (ser...)	Vorrei (essere)
Você não gostaria de poder...?	Non ti piacerebbe poter…?
Luísa não gostaria de poder...?	Non le piacerebbe poter? (a Luisa)
Carlo não gostaria de poder...?	Non gli piacerebbe poter? (a Carlo)
Seria ótimo se pudéssemos...., não é?	Sarebbe ottimo se potessimo…, non è vero?
Quem me dera ao menos uma vez...	Magari, solo una volta...
Quem me dera!	Magari!
Só sonhando mesmo!	Solo in sogno!
Quem sabe um dia.	Chissà un giorno.
Se ao menos...	Se almeno...
O que eu gostaria mesmo de fazer é...	Quello che vorrei fare davvero è...
Uma coisa que eu sempre quis fazer é...	Una cosa che ho sempre voluto fare è...
Sempre sonhei (poder...)	Ho sempre sognato (poter…)
Um dia desses...	Uno di questi giorni...

Parabenizando	Augurando
Parabéns!	Auguri!
Parabéns por...	Auguri per...
Fiquei sabendo (da promoção...)	Ho saputo (della promozione…)
Me disseram que você...	Mi hanno detto che tu…
Que ótimo!	Che ottimo!
Deve estar orgulhoso.	Devi essere orgoglioso.
Você merece.	Lo meriti.
Sabia que iria conseguir.	Sapevo che ci saresti riuscito.
Fico muito contente por você.	Sono molto contento(a) per te.
Bem, já estava na hora!	Bene, era ora.

Desculpando-se	Scusandosi

Desculpas	Scuse
Opa!	Oops.
Desculpe-me.	Scusami.
Perdoe-me.	Perdonami.
Peço desculpas (por...)	Chiedo scuse (per…)
Eu não sei o que deu em mim.	Non lo so cosa mi è successo.
Não sei o que dizer.	Non so cosa dire.
Não costumo...	Non sono abituato…
Vou te compensar (por isso).	Ti risarcirò (per questo).
Isso não vai se repetir.	Questo non si ripeterà.
Sinto-me muito mal com isso.	Mi sento molto male per questo.

Perdoando	Perdonando
Esquece.	Dimentica. (informal)
Esquece.	Dimentichi. (formal)
Tudo bem.	Tutto bene.
Sem problemas.	Senza problemi.
Já até esqueci.	Mi sono già dimenticato.
Acontece.	Succede.
Isso não é nada.	Questo non è niente.

Incentivando	Incentivando
Você não tem nada a perder.	Non hai niente da perdere.
O que você tem a perder?	Cosa hai da perdere?
Você vai conseguir.	Ce la farai.
Vale a pena tentar.	Vale la pena provare.
O momento é agora.	Ora è il momento.
É agora ou nunca.	È adesso o mai più.
É moleza.	È molto facile.
Faça o melhor possível.	Faccia del suo meglio. (formal)
Dê o melhor de si.	Da' il meglio di te. (formal)
Se você não tentar, nunca vai saber.	Se non provi, non lo saprai mai.
Só existe uma maneira de saber.	C'è solo una maniera di saperlo.
Você tem a mesma chance que eles.	Hai la stessa chance di loro.
Você tem meu apoio.	Hai il mio appoggio.
Eu lhe dou total apoio nisso.	Ti do tutto l'appoggio in questo.

Desencorajando	Scoraggiando
Acho que não deve...	Penso che non devi...
Não acho que seja uma boa ideia.	Non penso che sia una buona idea.
Eu pensaria bem se fosse você.	Ci penserei bene se fossi in te.
Imploro para você repensar isso.	Ti imploro di ripensare a tutto ciò.
Não vai ser uma boa ideia.	Non sarà una buona idea.
Estou lhe dizendo isso como amigo...	Te lo dico come amico...

Conselhos — Consigli

Normalmente, quando se dá um conselho em italiano o verbo da frase fica no condicional.

Dando um conselho	Dando un consiglio
Por que você não...?	Perché tu non...?
Talvez você deva/possa...	Forse tu devi/puoi...
Você deveria...	Tu dovresti...
Ele deveria...	Lui dovrebbe...
Elas deveriam...	Loro dovrebbero
É melhor (ir a...)	È meglio (andare a...)
Você poderia...	Tu potresti...
Sabe o que você poderia fazer?	Sai quello che potresti fare?
Talvez seja uma boa ideia (ir...)	Forse è una buona idea (andare...)
Se eu fosse você, eu...	Se io fossi in te, io...
Eu acho que você deve...	Secondo me devi...
Acho que seria interessante fazer...	Penso che sarebbe interessante fare...
Sabe o que eu acho...	Sai quello che penso io...
Bom, o que eu faço é...	Bene, quello che faccio è...
Bom, eu tenho um amigo que...	Bene, io ho un amico che...
Meu pai sempre fala/falava...	Mio padre dice/diceva sempre...

veja também "Provérbios e Citações", página 127

Você tem de fazer o que for melhor para você.	Devi fare quello che è meglio per te.
Só você pode decidir isso.	Solo tu puoi decidere questo.
Ninguém pode decidir por você.	Nessuno può deciderlo per te.

Recebendo um conselho	Ricevendo un consiglio
Talvez você tenha razão.	Forse hai ragione.
Talvez isso seja interessante.	Forse questo è interessante.
Boa ideia.	Buona idea.
Eu sei.	Lo so.
Não sei...	Non lo so...
Vou pensar.	Ci penserò.
É, talvez.	Si, forse.
Vamos ver.	Vediamo.

Avisos	Avvisi
Você não deveria...	Tu non dovresti…
Se eu fosse você, não...	Se io fossi in te, io non...
Talvez não seja bom...	Forse non è bene...
Talvez não deva...	Forse non devi
Acredite em mim, não...	Credimi, non...
Um conselho: ...	Un consiglio: ...

Conselhos tardios	Consigli tardivi
Que pena que não...	Peccato non...
Você deveria ter...	Avresti dovuto...
Por que você não (foi...)?	Perché non (sei andato…)?
Olhando para trás, você deveria ter (dito...)	Guardando indietro, avresti dovuto (dire…)
Da próxima vez, você tem que...	La prossima volta, tu devi...
Por que não me disse? Eu teria (falado para você...)	Perchè non me l'hai detto. Io ti avrei (parlato...)
Eu avisei.	Te l'ho detto..

Convites / Inviti

Convidando	Invitando
Vou dar (uma festa)...	Farò (una festa)…
Vai ter (uma festa)...	Ci sarà (una festa)...
Tem um...	C'è un...
Vou...	Vado…
Você gostaria de vir comigo?	Ti piacerebbe venire con me?
Adoraria que viesse.	Mi piacerebbe molto se venissi.

Convidando	Invitando
Por que não vem?	Perché non vieni?
Por que não vem para...?	Perché non vieni per…?
Você pode trazer alguém, se quiser.	Puoi portare qualcuno se vuoi.
Traga o (Pietro).	Porti (Pietro).
...ou também nós poderíamos...	...o potremmo anche...
Você que sabe.	Decidi tu.

Aceitando um convite	Accettando un invito
Parece legal.	Mi sembra interessante.
Não perderia isso por nada.	Non perderei questo per nulla al mondo.
A que horas?	A che ora?
O que eu devo trazer?	Cosa devo portare?
Que roupa é para usar?	Come ci si deve vestire?
Posso trazer um amigo?	Posso portare un amico?

Recusando um convite	Rifiutando un invito
Me desculpe, mas não dá. Tenho que...	Mi dispiace, ma non posso. Devo...
Adoraria, mas (tenho que...)	Mi piacerebbe, ma (devo…)
Quem sabe na próxima semana.	Chi sa nella prossima settimana.
Deixa para a próxima vez.	Forse la prossima volta.
Se tivesse me dito antes...	Se me lo avessi detto prima....
Se fosse outra hora eu iria, mas...	Se fosse un'altra ora io ci andrei, ma…
Vamos deixar marcado para a próxima vez?	Facciamo per un'altra volta?

Horas e Datas / Ore e Date

Como você verá, as horas e as datas são bastante parecidas em italiano e em português. Mas algumas diferenças existem e muitas vezes são até capciosas. Por isto observe com atenção as expressões abaixo.

Que horas são?	Che ore sono?
Você tem horas?	Sai che ore sono?
Desculpe-me, estou sem relógio.	Mi scusi, non ho l'orologio.
Meu relógio está um pouco atrasado/adiantado.	Il mio orologio è in ritardo/in avanti.
De acordo com meu relógio, são...	Secondo il mio orologio, sono le…
São dez horas.	Sono le dieci.

Horas e Datas	Ore e Date
São (dez) e quinze.	Sono le (dieci) e un quarto/e quindici.
São (dez) e meia.	Sono le (dieci) e mezzo/mezza.
São (dez) horas em ponto.	Sono le (dieci) precise.
Mais ou menos (dez) horas.	Sono circa le (dieci).
São quase (dez) horas.	Sono quasi le (dieci) ore.
Às (dez) horas.	Alle (dieci).
Por volta das (dez).	Verso le (dieci)...
Daqui a (uma hora).	Fra (un'ora).
Das dez às onze.	Dalle dieci alle undici.
Faz (uma hora).	Un'ora fa.
O dia todo./A noite toda.	Tutto il giorno./Tutta la notte.
Bem cedo/tarde.	Ben presto/tardi.
No meio da manhã.	A metà mattina.
De manhã.	Di mattina.
No final da manhã.	Alla fine della mattina.
Ao meio-dia.	A mezzogiorno.
No começo da tarde.	All'inizio del pomeriggio.
No meio da tarde.	A metà pomeriggio.
No final da tarde.	Alla fine del pomeriggio.
No comecinho da noite.	All'inizio della sera.
De/à noite.	Di sera.
Tarde da noite.	Notte fonda.
À meia-noite.	A mezzanotte.
Quando o sol nascer.	Quando il sole nasce.
Quando o sol se puser.	Quando il sole tramonta.
Ao nascer do sol.	All'alba.
No crepúsculo.	Al crepuscolo.
Ao pôr do sol.	Al tramonto.
Em plena luz do dia.	Con la luce del giorno.
Que dia é hoje?	Che giorno è oggi?
Hoje é dia (vinte e quatro).	Oggi è il (ventiquattro).
Todo dia.	Tutti i giorni.
Dia sim, dia não.	Un giorno sì, un giorno no.
De (doze) em (doze) horas.	Ogni dodici ore.
Hoje de manhã.	Stamattina.
Hoje à tarde.	Questo pomeriggio.
Hoje à noite.	Stasera.
Amanhã de manhã/à tarde/à noite.	Domattina/domani pomeriggio/sera.
Anteontem.	L'altro ieri.
Ontem de manhã.	Ieri mattina.

Horas e Datas	Ore e Date
Ontem à tarde.	Ieri pomeriggio.
Ontem à noite.	Ieri sera.
Depois de amanhã.	Dopodomani.
Toda (quinta-feira).	Tutti i (giovedì).
Às (quintas).	Il (giovedì).
De (segunda) a (sexta).	Da (lunedì) a (venerdì)
Na (sexta-feira).	(Venerdì).
Nesta (sexta-feira).	Questo (lunedì).
Esta (terça-feira) que vem.	(martedi) prossimo.
Não este (sábado), o outro.	Non questo (sabato), ma l'altro.
Nos dias de semana.	Nei giorni della settimana.
Nos fins de semana.	Nei fine settimana.
Este fim de semana.	Questo fine settimana.
A semana que vem.	La prossima settimana.
A semana passada.	La settimana scorsa.
O mês/ano passado.	Il mese/l'anno scorso.
O verão passado.	L'estate scorsa.
Faz uma semana.	Da una settimana.
No fim do mês.	Alla fine del mese.
Durante (3 dias) seguidos.	Durante (3 giorni) di seguito.
Às vezes sim, às vezes não.	A volte sì, a volte no.
Agora mesmo.	Proprio ora.
Imediatamente.	Immediatamente.
Assim que possível.	Appena possibile.
Até (as dez horas).	Fino alle (dieci).
Não mais tarde do que...	Non più tardi di...

Etapas	Tappe
Anterior a isso...	Prima di questo...
Antes de começar...	Prima di cominciare...
Primeiro...	Primo...
Antes de tudo...	Prima di tutto...
No início...	All'inizio...
Demorou um pouco para começar,	Ci si è messo qualche tempo per cominciare,
...mas assim que pegamos o ritmo...	ma una volta preso il ritmo...
Começou...	È cominciato...
Depois...	Poi, ...
Com o passar do tempo...	Con il passar del tempo...

Etapas	Tappe
Mais tarde...	Più tardi...
Depois de um tempo...	Qualche tempo dopo...
Um tempo mais tarde...	Qualche tempo più dopo...
No final...	Alla fine...
No meio...	Nel mezzo...
Finalmente...	Finalmente...
Lá pelo final...	Là, alla fine...
Nas fases finais...	Nelle fasi finali...
No final de tudo...	Alla fine di tutto...
Depois disso...	Dopo tutto questo...
	veja também "Tendências" nesta página
Estamos chegando lá.	Ci stiamo arrivando.
Falta muito ainda.	Ci manca ancora molto.

Tendências / Tendenze

Tendências positivas	Tendenze positive
Não poderia ser melhor.	Non potrebbe essere migliore.
As coisas vão bem.	Le cose vanno bene.
Melhorou bastante.	È migliorato molto.
Melhoramos bastante.	Siamo migliorati abbastanza.
Fez grandes progressos.	Hai fatto grandi progressi.
Fizemos grandes progressos.	Abbiamo fatto progressi.
Está no caminho certo.	Sei sulla strada giusta.
Estamos no caminho certo.	Siamo sulla strada giusta.
Está chegando lá.	Ci stai arrivando.
Estamos chegando lá.	Ci stiamo arrivando.
Ainda não chegou lá, mas...	Ancora non ci è arrivato, ma...
Ainda não chegamos lá, mas...	Ancora non ci siamo arrivati, ma...
Já dá para ver uma luz no final do túnel.	Si vede già una luce alla fine del tunnel.
Houve um progresso significativo nos últimos (2 anos).	C'è stato un progresso significativo negli ultimi (2 anni).

Tendências negativas	Tendenze negative
As coisas não poderiam ser piores.	Le cose non potrebbero essere peggiori.
As coisas não vão indo muito bem.	Le cose non vanno molto bene.
Vejo uma leve queda.	Vedo un piccolo crollo.
Ainda temos muito o que fazer.	Abbiamo ancora molto da fare.

Tendências negativas	Tendenze negative
É uma coisa atrás da outra.	È una cosa dopo l'altra.
Chegou num ponto que...	È arrivato ad un punto che...
Cheguei num ponto que...	Sono arrivato ad un punto che...
Chegamos num ponto...	Siamo arrivati ad un punto che...
Tudo está chegando num ponto em que...	Tutto questo sta arrivando ad un punto che...
Do jeito que as coisas vão...	Come vanno le cose...
Está tudo desmoronando.	Tutto sta crollando.

Supondo	Supponendo
	veja também "Tendo cuidado com o que se diz", página 126
Bom, não tenho certeza, mas...	Bene, non sono sicuro, ma...
O que poderia ser é...	Quello che potrebbe essere è...
Imagino que...	Immagino che...
É só uma ideia.	È solo un'idea.
Por experiência...	Dalla esperienza...
É difícil dizer, mas...	E difficile dirlo, ma...
É só uma ideia, mas...	È solo un'idea, ma...
Talvez...	Forse...
Eu acho que...	Penso che...
Eu diria...	Io direi...
Mais ou menos...	Così così...

Solicitar	Sollecitare
	veja também "Pedindo um favor", na página 123
Você poderia...?	Potresti...?
Você pode...?	Puoi...?
Você me traria...?	Mi porteresti...?
Deixe-me perguntar uma coisa...	Lasciami domandarti una cosa...
Você poderia por acaso...?	Potresti per caso...?
Sabe do que eu preciso...	Sai quello di cui ho bisogno...
Você se importaria se eu...?	Ti disturberei se io...?
Você se importa se eu...?	Ti disturbo se io...?
Tudo bem se eu...?	Tutto bene se io...?
Eu gostaria...	Mi piacerebbe...
Talvez se você pudesse...	Forse se tu potessi...
...agradeceria (muito).	...ti ringrazierei (molto).
Será que seria possível...?	Pensi che sarebbe possibile..?

Pedindo um favor	Chiedendo un favore
Pedindo	**Chiedendo**
Você poderia por acaso...?	Potresti per caso...?
Preciso lhe pedir um favor.	Ho bisogno di chiederti un favore.
Seria demais pedir para você...?	Sarebbe molto chiederti...?
Se não puder, tudo bem.	Se non puoi, tutto bene.
Não quero incomodar.	Non voglio disturbare.
Você tem certeza de que não tem problema?	Sei sicuro che non ci sono problemi?
Aceitando fazer um favor	**Accettando di fare un favore**
Ah, claro.	Ah, certamente.
Sem problemas.	Non ci sono problemi
É um prazer.	È un piacere.
Para que servem os amigos?	A che cosa servono gli amici
Que é isso? É o mínimo que eu posso fazer.	Non è niente. È il minimo che possa fare.
Não se preocupe com isso.	Non ti preoccupare di questo.
Seria um prazer para mim.	Sarebbe un piacere per me
Recusando fazer um favor	**Rifiutando di fare un favore**
Olha, sabe...	Senti, sai..?
É que...	La cosa è...
Infelizmente...	Purtroppo...
Se fosse (outra hora), eu poderia (mas amanhã)...	Se fosse (un'altra ora), potrei (ma domani)...
Me desculpe, mas eu não posso.	Mi dispiace, ma non posso.
Eu tenho de...	Devo...
	veja também "Desculpas", página 83
Bem que gostaria de ajudar.	Veramente mi piacerebbe aiutare.
Desculpe-me mesmo.	Scusami...
Confissões	**Confessioni**
Tem uma coisa que estou querendo te dizer...	C'è qualcosa che ti volevo dire...
Estava esperando a hora certa de te dizer isto: ...	Aspettavo il momento giusto per dirtelo: ...

Confissões	Confessioni
Faz tempo que estou querendo te dizer isto...	È già da qualche tempo che voglio dirti questo...
Acho que é a melhor hora para te dizer...	Penso che sia il momento ideale per dirti...
Tem uma coisa que está me incomodando.	C'è qualcosa che mi disturba...
Tenho uma coisa que preciso te contar.	Ho qualcosa da raccontarti.
Tenho que confessar uma coisa.	Ti devo confessare una cosa
Tem uma coisa que preciso te dizer.	C'è qualcosa che devo dirti.

Escondendo falta de conhecimento	Nascondendo il fatto di non conoscere qualcosa
Não estou familiarizado.	Non mi è famigliare.
Não estou familiarizado com (isso).	Non sono sicuro di conoscerlo bene.
Não me lembro de ter (ouvido) isso dele/dela.	Non mi ricordo di aver (sentito) questo di lui/lei.
Lembro de alguma coisa...	Mi ricordo di qualcosa...
Acho que já ouvi falar (dele/dela) em algum lugar.	Penso di aver già sentito parlare (di lui/di lei) da qualche parte.

Analisando	Analizzando
Por um lado.../Por outro...	Da un lato.../Dall'altro...
A vantagem é.../A desvantagem é...	Il vantaggio è.../lo svantaggio è...
Se você analisar...	Se analizzi...
Aparentemente parece...	In un primo momento sembra...
Se você considerar...	Se consideri...
Levando em consideração...	Tenendo in considerazione/presente...
Do ponto de vista de...	Dal punto di vista di...
Estatisticamente falando...	Statisticamente parlando...
Do ponto de vista puramente científico...	Da un punto di vista puramente scientifico...
Acho que tem (2) lados:...	Penso che ci siano (2) lati:...

Questionando a análise de alguém	Discutendo l'analisi di qualcuno
Mas você já pensou em...?	Ma hai già pensato di/a...?
Você já considerou...?	Hai già considerato...?
É, mas, por outro lado...	Si, ma d'altro canto...
Eu acho que você também tem que levar em consideração...	Penso che devi anche considerare/tenere in considerazione...

Decidindo	Decidendo
É difícil decidir.	È difficile decidere
Não consigo me decidir.	Non riesco a decidermi.
Já me decidi.	Mi sono già deciso.
Não me decidi (ainda).	(Ancora) non mi sono deciso.
Ainda estou decidindo.	Sto ancora decidendo.
É uma decisão difícil.	È una decisione difficile.
Tanto faz, na verdade.	È la stessa cosa.
Estava querendo ficar com...	Volevo restare con...
Qual você escolheria?	Quale sceglieresti?
Se fosse escolher um, ficaria com...	Se dovessi sceglierne uno, resterei con...
Para mim, tanto faz.	Per me è uguale.
Você é quem sabe.	Decidi.
Por que você não decide?	Perché non decidi?
Escolha o que quiser.	Puoi scegliere quello che vuoi.
Pode escolher qualquer um.	Puoi sceglierne uno.
O que você quiser.	Quello che vuoi.
Posso fazer uma sugestão?	Posso dare un suggerimento?

Comparando	Confrontando
São (exatamente) iguais.	Sono (esattamente) uguali.
São muito parecidos.	Sono molto simili.
São mais ou menos iguais.	Sono più o meno uguali.
A diferença é muito pequena.	La differenza è molto piccola.
Quase não tem diferença (entre os dois).	Non c'è quasi nessuna differenza (tra di loro).
Só mesmo um "expert" saberia distingui-los.	Solo un esperto potrebbe distinguerli.
Eu não vejo diferença.	Non vedo la differenza.
São um pouco diferentes.	Sono un po' diversi.
São bastante diferentes.	Sono veramente differenti.
São totalmente diferentes.	Sono completamente diversi.
Eu os separo em duas categorias bem diferentes.	Li separo in due categorie ben diverse.
Um é (barato) e o outro é (mais útil).	Uno è (economico) e l'altro è (più utile).
(X) é maior que (Y).	(X) è più grande di (Y).
(X) é mais (caro) do que (Y).	(X) è più (caro) di (Y).
(X) tem mais (espaço).	(X) ha più (spazio).
(X) tem uma (infraestrutura) melhor.	(X) ha un' (infrastruttura) migliore.
(X) não é tão (interessante) quanto (Y).	(X) non è così (interessante) come (Y).
(X) é (bonito), mas (Y) é (mais bonito) ainda.	(X) è (bello), ma (Y) è ancora (più bello).

Comparando	Confrontando
(X) é o (mais bonito).	(X) è il più (bello).
(X) é o mais (comum).	(X) è il più (comune).
(X) é o menos (caro).	(X) è il meno (caro).
(X) é de longe o (mais interessante).	(X) è di gran lunga il (più interessante).
...e (Y) é (melhor) ainda.	...e (Y) è ancora (meglio).
Não tem comparação: (X) é o (melhor).	Non c'è paragone: – (X) è il miglior.

Querendo saber mais em uma entrevista	Volendo sapere di più in un' intervista
	veja também "Como fazer uma pergunta pessoal sem ofender" na seção "Coisas que se falam quando as pessoas se conhecem", página 48
Poderia me dizer mais sobre...?	Potresti dirmi qualcosa di più su...?
O senhor poderia dizer mais sobre..?	Potrebbe dirmi qualcosa di più su...?
Gostaria de saber mais sobre...	Mi piacerebbe sapere un po'di più su...
	veja também "Como fazer uma pergunta pessoal sem ofender" na seção "Coisas que se falam quando as pessoas se conhecem", página 48
O que quer dizer exatamente com ("privilegiado")?	Cosa vuole dire esattamente com ("privilegiato")?
Qual é sua opinião sobre...?	Qual è la sua opinione su...?
O senhor mencionou... O que quis dizer exatamente com isso?	Ha detto... Cosa ha voluto dire esattamente con questo?
Será que o senhor poderia dizer mais sobre...	Potrebbe parlare un po'di più su...
Ainda não ficou bem claro...	Ancora non è molto chiaro...
O senhor poderia me esclarecer sobre...	Potrebbe chiarirmi su...
O senhor poderia falar um pouco sobre...?	Potrebbe parlare un po' su...?

Tendo cuidado com o que se diz	Facendo attenzione a ciò che si dice
Se não estiver errado...	Se non mi sbaglio...
Eu posso estar errado.	Posso sbagliarmi.
Não tenho certeza, mas...	Non sono sicuro, ma...
Não sou muito entendido.	Non sono un esperto.
Até onde eu sei...	Per quello che so...
Pelo que eu me lembro...	Da quello che mi ricordo...

Tendo cuidado com o que se diz	Facendo attenzione a ciò che si dice
Pelo que eu sei...	Da quello che so...
Tudo o que eu sei é...	Tutto quello che so è...
É o que as pessoas dizem.	È quello che le persone dicono.
Olha, eu não falei nada...	Senti, non ho detto niente...
Não sei com certeza...	Non sono sicuro...
Não dá para dizer com certeza...	Non lo si può dire con sicurezza...

Provérbios e citações / Proverbi e citazioni

Usando provérbios e citações	Usando proverbi e citazioni
Como diz o ditado...	Come dice il detto...
É como as pessoas dizem: ...	È come le persone dicono: ...
Você sabe o que dizem: ...	Lo sai quello che dicono: ...
Eu sempre digo: ...	Dico sempre: ...
Isso mostra que...	Ciò mostra/dimostra...
Tem um velho ditado: ...	C'è un vecchio detto: ...
Tem um ditado em português: ...	C'è un detto in portoghese: ...
Meu (pai) sempre dizia: ...	Mio (padre) diceva sempre: ...
Acho que foi (Sócrates) quem disse que...	Penso che sia stato (Socrates) a dire...
Tem uma frase famosa: ...	C'è una frase famosa: ...
Alguém disse uma vez que...	Qualcuno ha detto una volta che...
Não me lembro quem foi que disse: ...	Non mi ricordo chi l'ha detto:...

Alguns provérbios	Alcuni proverbi
Antes tarde do que nunca.	Meglio tardi che mai.
Quem ri por último, ri melhor.	Ride bene chi ride ultimo.
Um dia é da caça, o outro do caçador.	Oggi a me, domani a te.
Um por todos e todos por um.	Chi fa da sè fa per tre.
Quem se alegra, goza.	Chi si contenta, gode.
Devagar se vai ao longe.	Chi va piano, va sano e va lontano.
As aparências enganam.	L'apparenza inganna.
Quem vê cara não vê coração.	Chi non guarda, non vede.
Quem não chora, não mama.	Chi dorme non piglia pesci.
Cão que ladra não morde.	Can che abbaia non morde./Dal dire al fare c'è di mezzo il mare.
Mentira tem perna curta.	Le bugie hanno le gambe corte.
Quem semeia vento, colhe tempestade.	Chi mal fa, mal fine aspetti.
Promessa é dívida.	Ogni promessa è un debito.
O ócio é o pai de todo vício.	L'ozio è il padre di tutti i vizi.

Alguns provérbios	Alcuni proverbi
Quem tudo quer, tudo perde.	Chi troppo vuole, niente ha.
Em boca fechada não entra mosca.	In bocca chiusa non entrano mosche.
Quem semeia, colhe.	Chi semina, raccoglie.
Quem tem um amigo, tem um tesouro.	Chi trova um amico trova un tesoro.
Quem procura, acha.	Chi cerca trova.
Quem cala, consente.	Chi tace acconsente.

3

Italiano Comercial e Profissional

Currículo	Curriculum
	veja também "Trabalho" Apêndice 1, página 219
Eu estudei na...	Ho studiato a...
Me formei em… pela…	Mi sono laureato in… a…
Me especializei em...	Mi sono specializzato in...
Eu me formei em...	Mi sono laureato in...
Também fiz cursos de...	Ho frequentato corsi di...
Fiz vários cursos de...	Ho fatto vari corsi di...
Enquanto estava na (USP), tive a oportunidade de trabalhar para/com...	Mentre ero all'(USP), ho avuto l'opportunità di lavorare per/con...
Eu fiz um estágio na (Compaq) como (assistente de marketing).	Ho avuto un contratto di tirocinio presso (FIAT) come (assistente di marketing).
Também fiz trabalho voluntário como...	Ho anche fatto del lavoro volontario come...
Eu fiz meu mestrado em... na (Universidade de Roma).	Ho fatto il mio master in... presso l'(Università di Roma).

Currículo	Curriculum
Quase todo o meu estudo de pós-graduação consistia em...	Quasi tutto il mio studio di post laurea era su...
Minha tese consistia em...	La mia tesi era su...
Já publiquei trabalhos...	Ho già pubblicato dei lavori...
Meu trabalho já foi publicado...	Il mio lavoro è già stato pubblicato...
Já morei fora por (dois anos).	Ho già abitato all'estero per (due anni).
Eu morei em...	Ho abitato a...
Eu trabalhei/estudei em (Florença).	Ho lavorato/studiato a (Firenze).
Em (1997) comecei a trabalhar para...	Nel (1997) ho cominciato a lavorare per...
Fui contratado para...	Sono stato(a) contrattato per...
Fui contratado como...	Sono stato(a) contrattato come...
Era o (diretor comercial).	Ero il (direttore commerciale)
A descrição do meu trabalho incluía...	Nella descrizione del mio lavoro c'era...
Era encarregado de...	Ero l'incaricato di...
Era responsável pelo desenvolvimento de...	Ero responsabile per lo sviluppo di...
Colaborei com...	Ho collaborato con...
Tinha que trabalhar com...	Dovevo lavorare con...
Tive muita experiência com...	Ho avuto molta esperienza con...
Sou muito bom em...	Sono esperto in...
Quase diariamente tinha que...	Quasi tutti i giorni dovevo...
Fui logo promovido a...	Sono stato(a) subito promosso(a) a...
Eu saí da... porque...	Sono uscito(a) da... perchè...
Se não fosse pela mudança, eu teria ficado...	Se non ci fosse stato il cambiamento, ci sarei rimasto...
Senti que tinha chegado num ponto em que...	Ho sentito che ero arrivato ad un punto che...
Tinha chegado a hora de crescer.	Era arrivata l'ora di crescere.
Aí, então fui trabalhar para...	Allora, sono andato a lavorare per...
Minha experiência mais recente...	La mia esperienza più recente...
Tenho larga experiência em quase todas as áreas de...	Ho una grande esperienza in quasi tutte le aree di...

A entrevista de trabalho	L'intervista di lavoro

O registro aqui é formal, e isto justifica o emprego do pronome *lei* e o verbo na *terceira pessoa do singular.*

Perguntas e comentários do entrevistador	Domande e commenti dell' intervistatore
Obrigado por ter vindo.	Grazie per essere venuto(a).
Deixe-me falar um pouco sobre nós.	Mi lasci parlare un po' di noi
	veja também "Descrevendo o estado de uma empresa", página 136 e "Destacando pontos positivos de uma empresa", página 136
Deixe-me dizer um pouco sobre o que fazemos aqui.	Mi lasci dire un po' quello che facciamo qui.
Queremos alguém que...	Vogliamo qualcuno che...
De preferência, alguém com experiência em (administração)...	Di preferenza qualcuno con esperienza in (amministrazione)...
Oferecemos...	Offriamo...
O cargo requer...	Il posto richiede...
Estamos dispostos a...	Siamo disposti a...
Por que não me fala um pouco sobre...	Perché non parla un po' di...
Me fale sobre sua experiência em...	Mi parli un po' della sua esperienza in...
Por que saiu da...?	Perché è andato(a) via...?
O que foi que o/a interessou?	Cosa lo ha interessato?
Fez algum curso de... na faculdade?	Ha frequentato qualche corso di... all'università?
O senhor precisava (trabalhar com estrangeiros) na...?	Lei doveva (lavorare con stranieri) nella...?
Conhece (HTML)?	Conosce (HTML)?
Tem conhecimentos de...?	Sa...?
Tem experiência em...?	Ha qualche esperienza in...?
Como você se sente em relação a (trabalhar em equipe)?	Come si sente a riguardo di (lavorare in gruppo)?
Qual era sua faixa salarial na...?	Quanto era il suo stipendio a...?
Que faixa salarial tem em mente?	Che tipo di stipendio Lei ha in mente?
Isso está dentro...	Questo è accettabile...
Acho que é mais do que podemos oferecer no momento.	È più di quello che possiamo offrire in questo momento.
Bom, tivemos uma boa impressão sua e de sua experiência.	Bene, abbiamo avuto una buona impressione sua e della sua esperienza.
Aceita trabalhar conosco?	Vuole lavorare con noi?

Perguntas e comentários do entrevistador	Domande e commenti dell' intervistatore
Gostaríamos de oferecer um cargo aqui.	Vorremmo offrirLe un posto qui.
Quando pode começar?	Quando può cominciare?
Agradecemos seu interesse.	La ringraziamo per il Suo interesse.
Não estamos precisando de ninguém em... no momento.	Non abbiamo bisogno di nessuno in... in questo momento.
Infelizmente a vaga para... já foi preenchida.	Purtroppo il posto per... non è più libero.

Perguntas e comentários do entrevistado	Domande e commenti dell'intervistato
Senti-me atraído por esta companhia porque acho...	Mi sono interessato per questa compagnia perché penso...
Estou no momento procurando um cargo em...	In questo momento cerco un posto in...
De preferência, gostaria de um cargo que envolvesse...	L'ideale sarebbe un posto che c'entrasse con...
Acredito que me enquadro bem nesse cargo porque...	Credo che mi vedo in questo posto perché...
Sou dedicado...	Mi applico...
	veja também "Descrevendo as pessoas", página 60
Acho que meus pontos fortes são...	Penso che i miei punti forti siano...
Pode ver no meu currículo que eu...	Può vedere nel mio CV che io...
Tenho larga experiência em...	Ho una gran esperienza in...
Tenho alguma experiência em...	Ho qualche esperienza in...
Verá que eu...	Vedrà che io...
Anexei algumas referências...	Ho allegato alcuni riferimenti...
Aprendi muito com minha experiência na... porque...	Ho imparato molto con la mia esperienza in... perchè...
Já trabalhei com...	Ho già lavorato con...
No meu cargo anterior estava recebendo... mais...	Nel mio lavoro precedente ricevevo... più...
É uma proposta interessante.	È una proposta interessante.
Tá certo. Na verdade é menos do que estava esperando.	Va bene. In verità, è meno di quello che m'aspettavo.
Posso dar uma resposta (no começo da semana)?	Posso dare una risposta (all'inizio della settimana)?
Posso começar (já).	Posso già cominciare (sin d'ora).

Falando do seu italiano e outros idiomas	Parlando del tuo italiano e di altre lingue
Eu falo… fluentemente.	Parlo ... fluentemente
Peço desculpas pelo meu italiano.	Chiedo scusa per il mio italiano.
Eu sou bilíngue em… e...	Sono bilingue in... e...
Tenho alguns conhecimentos de...	Ho qualche conoscenza di…
Eu falo um pouco de...	Parlo un po' di…
Em italiano eu praticamente só falo.	Il mio italiano è basicamente parlato.
Eu sei… em inglês.	Lo so… in inglese
Eu sei usar italiano na maioria das situações (comerciais).	So parlare l'italiano nella maggior parte delle situazioni (commerciali).
...falo bem em alemão.	...parlo bene tedesco.
Já me falaram que tenho um sotaque bom.	Mi hanno già detto che ho un buon accento.
Eu entendo mais do que falo.	Capisco più di quanto parli.
Não sou fluente, mas sei...	Non ho fluenza, ma so…
Sei que tenho sotaque.	Lo so che ho l'accento.

Networking / Networking

Registro Informal	Registro Informale
Então, soube que você mexe com (computadores).	Allora, ho saputo che lavori con (computers).
Então, como está o mercado de…?	Allora, come va il mercato di…?
E então, está gostando de trabalhar para...?	Quindi, ti piace lavorare per...?
E que tal?	Cosa ne pensi?
Você está gostando?	Ti piace?
Você conhece o (Carlo Loti)?	Conosci (Carlo Loti)?
Eu trabalho com...	Lavoro con…
	veja também "Falando do trabalho", na página 134
Quem sabe eu não queria...	Chissà se non vorrò…
Vamos tomar um café...	Prendiamo un caffè...

Registro Formal	Registro Formale
Então, soube que o senhor mexe com (computadores).	Allora, ho saputo che Lei lavora con (computers).
Então, como está o mercado de…?	Allora, come va il mercato di…?

Registro Formal	Registro Formale
E então, está gostando de trabalhar para...?	Quindi, Le piace lavorare per...?
E que tal?	Cosa ne pensa Lei?
Está gostando?	Le piace?
Conhece o (Carlo Loti)?	Conosce (Carlo Loti)?
Eu trabalho com...	Lavoro con...
Quem sabe eu não queria...	Chissà se non vorrò...
Vamos tomar um café...	Prendiamo un caffè...

Falando do trabalho	Parlando del lavoro
Eu sou... na...	Sono... in...
Conhece?	Conosce?
Eu trabalho na...	Lavoro per...
O senhor já ouviu falar?	Ne ha già sentito parlare?
É uma companhia de... pequena/grande.	È un'impresa di... piccola/grande.
Minha companhia está sediada em...	La mia impresa è a...
Eu trabalho de...	Lavoro come...
Sou uma espécie de...	Sono una specie di...
Acho que pode-se dizer que sou uma espécie de...	Penso che si può dire che sono una specie di...
Basicamente, eu...	Basicamente, io...
Eu trabalho em...	Lavoro in...
Eu trabalho com...	Lavoro con...
No geral, o que eu faço é...	In genere, quello che faccio è...
Meu trabalho consiste basicamente em...	Il mio lavoro consiste basicamente in...
Eu gosto muito.	Mi piace molto.
É bem (interessante).	È abbastanza (interessante).
É um pouco estressante às vezes.	È un po' stressante alle volte.
Nunca é chato.	Non è mai noioso.
Comecei a trabalhar lá em (1998).	Ho cominciato a lavorare là nel (1998).
Eu tenho (9) anos lá.	Lavoro là da (9) anni.
Comecei a trabalhar lá porque...	Ho cominciato a lavorare là perchè...
Gosto das pessoas com que trabalho.	Mi piacciono le persone con cui lavoro.
As pessoas com que trabalho são bem...	Le persone con cui lavoro sono abbastanza...

veja também "Descrevendo as pessoas", página 60

Fazendo perguntas sobre o trabalho de alguém	Domandando sul lavoro di qualcuno
	veja também "Como fazer uma pergunta pessoal sem ofender", página 48

Registro Informal	Registro Informale
O que você faz?	Cosa fai?
O que é que você faz exatamente?	Cosa fai esattamente?
Você está em que área de trabalho?	Qual è la tua area?
Onde você trabalha?	Dove lavori?
Onde (isso) fica?	Dov'è questo?
É uma companhia grande/pequena?	È un'impresa grande/piccola?
Como você começou a trabalhar lá?	Come hai cominciato a lavorare là?
Você está gostando?	Ti sta piacendo?
Trabalha muito?	Lavori molto?
Está ganhando bem?	Guadagni bene?
Faz quanto tempo que você está fazendo isto?	Da quanto tempo fai questo?
Sempre foi...?	Sei sempre stato(a)...?
É bastante (competitivo)?	Sei molto (competitivo)?
Precisa (viajar muito)?	Hai bisogno di (viaggiare molto)?

Registro Formal	Registro Formale
O que faz?	Cosa fa?
O que faz exatamente?	Cosa fa esattamente?
O senhor está em que área de trabalho?	Qual è la sua area?
Onde trabalha?	Dove lavora?
Onde (isso) fica?	Dov'è questo?
É uma companhia grande/pequena?	È un'impresa grande/piccola?
Como começou a trabalhar lá?	Come ha cominciato a lavorare là?
O senhor está gostando?	Le sta piacendo?
Trabalha muito?	Lavora molto?
Está ganhando bem?	Guadagna bene?
Há quanto tempo está fazendo isto?	Da quanto tempo fa questo?
Sempre foi...?	È sempre stato(a)...?
É bastante (competitivo)?	È molto (competitivo)?
Precisa (viajar muito)?	Ha bisogno di (viaggiare molto)?

Descrevendo o estado de uma empresa | Descrivendo la stato di un'impresa

Bom | Buono

veja também "Dando boas notícias", página 90

As coisas vão muito bem.	Le cose vanno molto bene.
A companhia está....	L'impresa sta...
Tivemos um ano muito bom (no ano passado).	Abbiamo avuto un anno molto buono (l'anno scorso).
Este ano é muito bom para nós.	Quest'anno è molto buono per noi.
As vendas estão aumentando.	Le vendite stanno aumentando.
Percebemos um crescimento constante.	Abbiamo notato una crescita costante.
Estamos melhores do que esperávamos.	Stiamo meglio di quello che speravamo.
Estamos muito satisfeitos.	Siamo molto soddisfatti.

Ruim | Cattivo

As coisas não vão muito bem.	Le cose non vanno molto bene.
Não tão bem como esperávamos.	Non così bene come speravamo.
As coisas estão um pouco devagar agora.	Le cose vanno un po' a rilento.
As vendas estão abaixo do esperado.	Le vendite sono al di sotto delle aspettative.
Este é um ano bem difícil.	Questo è un anno molto difficile.
Na verdade, um pouco decepcionante.	In verità, un po' deludente.
Bem, as coisas devem melhorar.	Bene, le cose miglioreranno.

Destacando pontos positivos de uma empresa | Sottolineando i punti positivi di un'impresa

Somos os primeiros no mercado de...	Siamo i primi del mercato di...
Lideramos o mercado de...	Siamo i leader del mercato di...
No ano passado fomos votados...	L'anno scorso siamo stati votati...
Somos (a provedora de Internet) número um no Brasil.	Siamo (il provider) numero uno in Brasile.
Somos o número um em (satisfação do cliente).	Siamo il numero uno nel (soddisfare il cliente).
Temos o melhor... em termos de...	Abbiamo il miglior..., in termini di...
Fomos o primeiro no Brasil em...	Siamo stati i primi in Brasile in...
Desde 1997, nós...	Dal 1997, noi...
Ninguém mais no Brasil tem...	Nessun altro in Brasile ha...
Somos exclusivos em... no Brasil.	Siamo gli unici in... in Brasile.

Destacando pontos positivos de uma empresa	Sottolineando i punti positivi di un'impresa
Somos o maior...	Siamo i più grandi...
Temos a maior rede de...	Abbiamo la maggior rete di...
O nome... é conhecido e respeitado em todo o Brasil como o... em...	Il nome... è conosciuto e rispettato in tutto il Brasile come il... in...

Como dizer um endereço de e-mail	Come dire un indirizzo di e-mail
É *ricardo*	È *ricardo*...
...uma palavra só	...una sola parola
...tudo minúscula	...tutto minuscolo
...tudo maiúscula	...tutto maiuscolo
arroba...	chiocciola...
...*mercato* ponto com	...*mercato* punto com
...*mercato* barra *qui* ponto com	...*mercato* barra *qui* punto com
...*mercato* traço *qui* ponto com	...*mercato* trattino *qui* punto com
...ponto br	...punto br

Primeiro contato	Primo contatto
Oi, eu sou...	Salve, io sono...
Trabalho na... no Brasil.	Lavoro nella... in Brasile.
Peguei seu nome de...	Ho preso il suo nome da...
Você me foi indicado pelo...	Sei stato(a) indicato da...
Estou entrando em contato porque...	La chiamo perchè...
	veja também "O telefone", página 140
Estou lhe escrevendo porque...	Le scrivo perchè...
Eu trabalho na...	Lavoro in...
	veja também "Falando do trabalho", página 134

Procurando um contato	Cercando un contatto
	veja também "O telefone", página 140 e "Coisas que se falam quando as pessoas se encontram", página 45
Oi, aqui é... da...	Salve, è... la.....
	veja também "Descrevendo o estado de uma empresa", página 136
Talvez não se lembre de mim...	Forse non si ricorda di me...
A gente chegou a se conhecer...	Ci siamo conosciuti...
A gente se conheceu em...	Ci siamo conosciuti in...

Procurando um contato	Cercando un contatto
Sou eu quem...	Sono io che...
O senhor me foi recomendado pelo (Sérgio).	Lei è mi stato(a) raccomandato(a) da (Sergio).
O (Sérgio) me recomendou a você.	(Sergio) mi ha raccomandato a te...

Agendando um horário / Fissando un orario

Propondo um horário ou lugar	Proponendo un luogo o orario
Que dia é bom para você?	Che giorno è meglio per Lei?
Posso marcar para (sexta-feira)?	Posso fissare per (venerdì)?
Que tal (a sexta-feira)?	Cosa ne pensa di (venerdì)?
E (a segunda-feira)?	E (lunedì)?
Que tal um almoço?	E un pranzo?
Por que não nos encontramos (no lobby)?	Perchè non ci incontriamo (nella hall)?
Umas (8:00)?	Verso le (8:00)?
Se por algum motivo não der, é só me ligar (no celular).	Se per qualche motivo lei non potrà, basta chiamarmi (sul telefonino).

Dizendo que não pode	Dicendo che non può
	veja também "Desculpas", página 83
Que tal...?	Cosa ne pensa?
Não posso.	Mi dispiace, ma non posso.
Eu tenho que...	Devo...
Eu tenho... na (sexta-feira).	Devo... (venerdì).
Eu estou ocupado (esta semana).	Sono occupato (questa settimana).
Tenho mil coisas para fazer.	Ho mille cose da fare.
Tenho que checar minha agenda.	Devo controllare la mia agenda.
Posso ligar para o senhor?	Posso chiamarLa?

Aceitando	Accettando
Está ótimo.	Va benissimo.
Ótimo/Perfeito, até lá então.	Ottimo/perfetto, ci vediamo.

Cancelando	Cancellando
	veja também "Desculpas", página 83
Escuta, eu vou precisar cancelar nossa reunião na (sexta-feira).	Senti, dovrò cancellare la nostra riunione di (venerdì).
Surgiu um imprevisto.	C'è stato un imprevisto.
Desculpe-me.	Mi scusi.
Não tive como...	Non ho avuto modo di...
Espero que você entenda.	Spero che tu capisca.
Vamos marcar para (semana que vem)?	Cosa ne pensa della (prossima settimana)?

Marcando um horário / Fissando un orario

Telefonista	Telefonista
	veja também "O telefone", na página 140
O senhor gostaria de marcar um horário?	Le piacerebbe fissare um orario?
(Esta semana) está muito corrida.	(questa settimana) è molto piena.
Sinto muito mas (a quarta-feira) já está cheia.	Mi dispiace, ma (per mercoledi) non ci sono più orari liberi.
Pode ser na (quinta-feira)?	Può essere per (giovedì)?
Que tal (na sexta-feira)?	Cosa pensa (di venerdì)?
(Sexta-feira) fica melhor para o senhor?	(Venerdì) è meglio per Lei?
Se houver algum cancelamento, entro em contato.	Se c'è qualche cancellazione La richiamo.
Posso fazer um encaixe para (hoje à tarde).	Posso trovare un buco per (questo pomeriggio).
Qual horário seria melhor para o senhor: a parte da manhã ou a parte da tarde?	Quale orario sarebbe meglio per Lei, di mattina o di pomeriggio?
Tudo bem às (10:00)?	Va bene alle (10:00) per Lei?
Então posso marcar para as (10:00)?	Allora, posso fissare alle (10:00)?
Então fica para (sexta-feira às 10:00).	Va bene, (venerdì alle 10:00).
Mais alguma coisa?	Desidera qualcos'altro?
Então até (sexta-feira).	Va bene, a (venerdì).

Quem marca um horário	Chi fissa un orario
Oi, gostaria de marcar um horário (com...).	Mi piacerebbe fissare un orario (con...).
Você tem algum horário na (sexta-feira) às (10:00)?	C'è qualche orario libero (venerdì) alle (10:00)?
(Quinta) é um dia ruim para mim.	(Giovedì) non è un buon giorno per me.
Será que teria um encaixe para hoje?	C'è qualche maniera di fissare per oggi?

O telefone	Il telefono
Atendendo	**Rispondendo**
Pois não?	Posso aiutarLa?
Quem está falando?	Chi parla?
Com quem deseja falar?	Con chi desidera parlare?
Sobre o que seria?	Di cosa si tratta?
É ele/ela.	È lui/lei.
O senhor aguarda?	Lei può aspettare?
Por favor, aguarde só um minuto.	Aspetti un attimo, per favore.
Estou transferindo.	Le sto passando la linea.
Problemas e explicações	**Problemi e spiegazioni**
O senhor Bianchi não se encontra. Ele...	Il signore Bianchi non c'è. Lui...
Posso lhe ajudar em alguma coisa?	Come posso aiutarLa?
Gostaria de deixar um recado?	Vorrebbe lasciare un messaggio?
A pessoa com quem você deseja falar não se encontra.	La persona con cui deve parlare non c'è.
A pessoa com quem você precisa falar só voltará (amanhã).	La persona con cui deve parlare ritornerà solo (domani).
Infelizmente não posso informá-lo.	Purtroppo, non so darle informazioni.
Infelizmente, não tenho esta informação.	Purtroppo, non ho quest'informazione.
Vou transferi-lo para alguém que possa ajudá-lo.	La passo a qualcuno che possa aiutarLa.
Não estou conseguindo achar o seu (formulário/pedido) neste momento. Deixe seu telefone que eu ligo para o senhor assim que puder.	Non riesco a trovare la sua scheda/richiesta in questo momento. Mi dia il numero di telefono e La chiamo appena possibile.
Vou tentar localizar a pessoa que poderia ajudar o senhor nesse assunto.	Proverò a trovare la persona che potrebbe aiutarLa in questo.
O senhor aguardaria?	Aspetta in linea?
Desculpe-me, estou sem sistema.	Mi dispiace, ma il sistema è andato via.
Se você deixar seu telefone eu retorno assim que...	Se Lei mi lascia il suo numero di telefono, la richiamo appena...
Deixe-me seu telefone que eu encaminho para (alguém do marketing) entrar em contato assim que possível.	Mi lasci il suo numero di telefono e io passerò il suo nome a (qualcuno dell'area dimarketing) che entrerà in contatto con lei appena possibile.

O que diz a pessoa que liga	Cosa dice la persona che chiama
	veja também "Coisas que se falam quando as pessoas se encontram", página 45
Por gentileza, o/a senhor(a) Bianchi.	Per favore, il signore/la signora Bianchi.
Recebi um recado para ligar para...	Ho ricevuto il messaggio di chiamare...
Aqui é... da (Fiat) no Brasil.	Parlo.... dalla (Fiat) in Brasile.
Ele está aguardando minha ligação.	Lui sta aspettando la mia chiamata.
Por favor, (Contabilidade).	(Contabilità), per favore.
Estou ligando a respeito de (seu novo programa de contabilidade).	Chiamo a riguardo del (vostro nuovo programma di contabilità).
Com quem eu falo?	Con chi parlo?
Com quem eu falei?	Con chi ho parlato?
O senhor tem alguns minutos?	Ha qualche minuto?
O senhor está podendo falar?	Può parlare?

Terminando	Finendo
Obrigado.	Grazie.
Um bom dia para você.	Buona giornata.

O assunto	L'argomento
Bom, enfim...	Bene, infine...
Então, vamos direto ao assunto?	Va bene, allora vediamo l'argomento?
Vamos ao que interessa?	Vediamo ciò che ci interessa?
O motivo de nos reunirmos aqui hoje é...	Il motivo della riunione qui oggi è...
Tenho uma proposta para o senhor.	Ho una proposta per Lei.
Tenho uma grande proposta para...	Ho una grande proposta per...
O que você acharia de...?	Cosa ne penserebbe di...?

Atualização / Aggiornamento

Pondo uma pessoa em dia	Aggiornando qualcuno
Bom, o que está acontecendo com...	Cosa sta succedendo con...
... é o seguinte...	... è questo...
Só para saber o que está acontecendo...	Solo per sapere ciò che sta succedendo...
A posição atual sobre...	La posizione attuale su...

Pondo uma pessoa em dia	Aggiornando qualcuno
Quero atualizá-los sobre...	Voglio aggionarvi su...
É o que sabemos até agora.	È quello che sappiamo finora.
Infelizmente é tudo o que sabemos no momento.	Purtroppo è tutto quello che sappiamo ora.
Assim que eu souber de qualquer coisa, te falo.	Appena avrò saputo qualcosa te lo dirò.
Assim que nós soubermos de qualquer coisa, te falamos.	Appena avremo saputo qualcosa te lo diremo.

Pedindo uma atualização	Chiedendo un aggiornamento
O senhor pode me dar uma posição sobre...?	Lei mi può dire se voi...?
E aí? Qual é a posição (sobre...)?	E allora? Cosa avete deciso (su...)?
O senhor pode me dar a situação de...?	Mi può riferire della situazione di....?
O senhor ouviu alguma coisa sobre...?	Ha sentito qualcosa su...?
O que está havendo com...?	Che cosa c'è con...?
Quando será a reunião?	Quando sarà la riunione?
Todos devem saber.	Tutti devono sapere.

Falando de um projeto	Parlando di un progetto
Está progredindo bem.	Sta procedendo bene.
Estou progredindo.	Sto facendo progressi.
Estou adiantado.	Sono in anticipo.
Estou atrasado.	Sono in ritardo.
Estamos progredindo.	Stiamo facendo progressi.
Estamos adiantados.	Siamo in anticipo.
Estamos um pouco atrasados.	Siamo un po' in ritardo.
Vai acabar a qualquer momento.	Finirà a momenti.
Acho que não vai demorar.	Penso che non ci metterà molto tempo.
Estamos quase chegando lá.	Ci stiamo quasi arrivando.
Não se preocupe.	Non si preoccupi.
O projeto está muito bom.	Il progetto è veramente molto buono.
Só faltam alguns detalhes finais e já acabaremos.	Ci mancano alcuni dettagli finali e abbiamo già terminato.
Só faltam alguns detalhes finais e já acabarei.	Mi mancano alcuni dettagli finali e ho già terminato.
Estou na reta final agora.	Siamo nella retta finale.

Falando de um projeto	Parlando di un progetto
Estou trabalhando nisso ainda.	Ci sto ancora lavorando.
Estamos na reta final agora.	Siamo in dirittura d'arrivo.
Estamos trabalhando nisso ainda.	Ci stiamo ancora lavorando.
Está chegando lá.	Ci si sta arrivando.
Está demorando um pouco mais do que esperávamos.	Ci si è messo un po' più di tempo di quello che ci aspettavamo.
Pode demorar mais um pouco.	Può metterci un po' più di tempo.
Ainda tenho muito o que fazer.	Ho ancora molto da fare.
Ainda temos muito o que fazer.	Abbiamo ancora molto da fare.
Estamos atingindo nossas metas.	Stiamo raggiungendo i nostri obiettivi.

Falando de problemas / Parlando di problemi

veja também "Pedindo desculpas", página 149

Diminuindo a importância de um problema	Diminuendo l'importanza di un problema
Tá bom, não tem problema.	Va bene, non ci sono problemi.
Tudo bem, não faz mal.	Tutto bene, non fa niente.
Bem, não é nada que não esteja ao nosso alcance.	Non è niente che non sia raggiungibile.
Podemos ver isso.	Possiamo vedere questo.
Podemos ver isso juntos.	Possiamo vedere questo insieme.
O senhor pode revisar.	Lei può revisionare.
Podemos resolver isto em uma reunião.	Possiamo risolvere questo in una riunione.
É apenas uma fase.	È solo una fase.
Essas coisas acontecem.	Queste cose succedono.
É normal.	È normale.

Ressaltando a importância de um problema	Sottolineando l'importanza di un problema
Isso é sério/complicado.	Questo è serio/complicato.
Temos que fazer alguma coisa.	Dobbiamo fare qualcosa.
Isso exige nossa atenção imediata.	Ciò richiede la nostra attenzione immediata.
Isso é assunto sério.	Questo argomento è molto serio.
Não podemos tratar disso de maneira delicada.	Non possiamo trattare questo in una maniera delicata.
Devemos ver isso.	Dobbiamo vedere questo.
Devemos ver isso juntos.	Dobbiamo vedere questo insieme.

Decisões	Decisioni
Decidindo que sim	**Decidendo di sì**
Pensei nisso, e...	Ci ho pensato, e...
Pensamos nisso, e...	Ci abbiamo pensato, e...
Decidi ir adiante.	Ho deciso di andare avanti.
Decidimos ir adiante.	Abbiamo deciso di andare avanti.
Gostei da proposta.	Mi è piaciuta la proposta.
Gostamos do contrato.	Ci è piaciuto il contratto.
Gostaram da ideia.	Gli è piaciuta l'idea.
Eles gostaram do projeto.	Gli è piaciuto il progetto.
Parece interessante.	Sembra interessante.
Ainda temos que falar sobre detalhes...	Dobbiamo ancora parlare dei dettagli...
Precisamos ainda discutir os termos...	Dobbiamo ancora discutere i termini...
Precisamos ainda resolver algumas coisas, mas...	Dobbiamo ancora risolvere alcune cose, ma...
Acredito que seja uma coisa boa.	Credo che sia una buona cosa.
Estamos contentes de poder...	Siamo contenti di poter...
Estamos contentes de poder fazer este projeto com vocês.	Siamo contenti di poter fare questo progetto con voi.
Não podemos ver como uma simples fase.	Non possiamo vederla come una semplice fase.
Decidindo que não	**Decidendo di no**
Pensei bem e...	Ci ho pensato bene e...
Pensamos bem e...	Ci abbiamo pensato bene e...
Achei que agora não é o momento certo.	Ho pensato che ora non è il momento giusto.
Achamos que agora não é o momento certo.	Abbiamo pensato che ora non è il momento giusto.
Preciso pensar mais sobre...	Ho bisogno di pensarci di più su...
Precisamos pensar mais sobre...	Abbiamo bisogno di pensarci di più su...
Ainda tenho algumas questões.	Ho ancora alcune questioni.
Ainda temos algumas dúvidas.	Abbiamo ancora alcuni dubbi.
Gostaria de ver mais valores.	Vorrei vedere altri valori.
Gostaríamos de ver mais valores.	Vorremmo vedere altri valori.
Isso não está relacionado com o senhor.	Questo non c'entra niente con Lei.
Quem sabe mais para a frente...	Chi lo sa nel futuro...

Decidindo que não	Decidendo di no
No momento teremos que dizer "não", infelizmente.	In questo momento, purtroppo, dobbiamo dire di "no".
Mas agradecemos sua atenção e esperamos poder fazer algo juntos no futuro.	La ringraziamo, però, per la sua attenzione e speriamo di poter fare qualcosa insieme in futuro.

Pesquisando preços	Ricercando prezzi
	veja também "O telefone", página 140
Estou pesquisando preços de...	Sto ricercando prezzi di...
Gostaria de saber o preço e disponibilidade do seu...	Vorrei sapere il prezzo e la disponibilità del suo...
O senhor pode me dar uma previsão de tempo?	Mi può dare una previsione di quanto tempo?
Quanto cobram para...?	Quanto chiedete per...?
Quanto cobrariam para...?	Quanto chiedereste per...?
O senhor poderia me dar uma ideia?	Lei mi potrebbe dare un'idea?
Tem uma taxa a mais para...?	C'è una tassa in più per...?
Tá, e isso inclui...?	Va bene, questo include...?
Em quanto tempo vocês podem entregar?	Quanto tempo ci mettete per consegnare?
Quais são as condições de pagamento?	Quali sono le condizioni di pagamento?
Dá para parcelar isso?	Si può pagare a rate?
Tá ótimo. Só estou checando preços.	Va bene. Sto solo controllando i prezzi.
Caso nos interesse, devo falar com o senhor ou...?	Se per caso ci dovesse interessare, devo parlare con Lei o...?
Tá, e com quem eu falei?	Va bene, e con chi ho parlato?

Falando de dinheiro / Parlando di soldi

Solicitando valores	Chiedendo i valori
De quanto estamos falando aqui?	Di quanto parliamo?
Em termos de (dólares), estamos falando de quanto?	In termini di (dollari), di quanto stiamo parlando?
Poderia me dar um valor aproximado de...?	Mi potrebbe dare più o meno il valore di...?
Tem um valor exato?	Ha il valore esatto?
Como o senhor chegou a esse valor?	Come è arrivato a questo valore?
Isso inclui...?	Questo include...?
O senhor concordaria que...?	Lei sarebbe d'accordo che...?

Dando os valores	Dando i valori
	veja também "Supondo", página 122
Por cima, uns...	Verso,...
Na faixa de.../Por volta de...	Circa...
Em dólares, mais ou menos...	In dollari, più o meno...
Estamos falando de (pelo menos)...	Parliamo di (almeno)...
..., para ser preciso.	..., per essere preciso.
Este valor é baseado em...	Questo valore è basato su...
Este valor não inclui...	Questo valore non include...

Comprando e vendendo / Comprando e vendendo

Comprando	Comprando
	veja também "Falando de dinheiro", página 145
Como poderia comparar seu... com... em termos de...?	Come potrebbe paragonare il suo... con... in termini di...?
Na sua opinião, quais são as principais vantagens do seu...?	Nella sua opinione quali sono i principali vantaggi del suo...?
Seriam flexíveis para...?	Sareste flessibili per.... ?
Podemos contar com vocês para...?	Possiamo contare su di voi per...?
Em quanto tempo vocês poderiam...?	In quanto tempo potreste...?
Que termos vocês oferecem?	Cosa offrite?
Que garantia nos dão de que...?	Che garanzia ci date che...?
Poderiam garantir...?	Potreste garantire...?
Poderiam...?	Potreste...?
Se quiséssemos..., seria possível...?	Se volessimo..., sarebbe possibile...?

Vendendo	Vendendo
	veja também "Falando de dinheiro", página 145
O que você acha de...?	Cosa ne pensa di...?
O que impede ?	Cosa Le impedisce?
Eu lhe dou um... como...	Le do un... come....
Se o senhor..., eu...	Se Lei..., io...
É o melhor... que poderia...	È il miglior... che potrebbe...
O senhor está perdendo um ótimo negócio.	Sta perdendo un ottimo affare.
O momento é agora.	Il momento è ora.
Não posso garantir...	Non posso garantire...
É uma oportunidade única.	È un'opportunità unica.
Se eu fosse o senhor, eu...	Se io fossi in Lei, io...

Vendendo	Vendendo
Já mencionei...?	Ho già fatto riferimento...?
Sou flexível.	Sono flessibile.
Estaria disposto a...	Sarei disposto a...
Que tal o senhor me fazer uma proposta?	Cosa ne pensa di farmi una proposta?
Não posso oferecer menos do que ($50.000).	Non posso offrire meno di ($50,000).
Parece razoável.	Sembra ragionevole.
É uma promoção por tempo limitado.	È una vendita promozionale per tempo limitato.
Dê uma pensada e depois me dê uma resposta.	Ci pensi su e dopo mi dia una risposta.
O que acha?	Cosa ne pensa di questo?
O que lhe parece?	Cosa Le sembra?
Por que não tira uns dias para pensar um pouco sobre o assunto?	Perché non prende dei giorni per pensarci?
Não tem pressa.	Non c'è fretta.
Tome todo o tempo que precisar.	Prenda tutto il tempo di cui ha bisogno.

Uma ideia / Un'idea

Vendendo a ideia	Vendendo l'idea
	veja também "Incentivando", página 115
Eu realmente acho que esta ideia é ótima.	Veramente penso che questa idea sia ottima.
Eu sinceramente acho que pode dar certo.	Sinceramente penso che può funzionare.
Pense bem!	Ci pensi bene!
Estou muito contente com isso.	Sono molto contento di questo.

Compreendendo uma ideia	Capendo un'idea
Deixe-me só ver se eu entendi...	Lasciami vedere se ho capito...
Então, o que o senhor estaria propondo é...	Allora, quello che Lei propone è...
Certo, então está dizendo que...	Sì, dunque sta dicendo che...
E como faria...?	E come farebbe...?
E quanto a...?	E a riguardo di...?
Certo, acho que estou entendendo seu raciocínio.	Va bene, penso di capire il suo ragionamento.

"Comprando" uma ideia	"Comprando" un' idea
Interessante.	Interessante.
Me interessei por isso.	Mi sono interessato a questo.
Eu gosto.	Mi piace.
Gostei.	Mi è piaciuto.
Eu acho que daria certo.	Penso che funzionerebbe.
É uma ótima ideia.	È un'ottima idea.
Não podemos perder.	Non possiamo perdere.
Isso é brilhante!	Questo è brillante!

Dúvida	Dubbio
Não sei...	Non lo so...
Bom, para ser sincero, eu...	Bene, per essere sincero, io...
Eu acho uma ideia legal, só que...	È un'idea interessante, ma...
Talvez se você fizesse algumas mudanças.	Forse se facessi alcuni cambiamenti.

Respondendo a um pedido / Rispondendo a una richiesta

Respondendo que sim	Rispondendo di sì
Claro.	Certamente.
Pode deixar.	Non ci sono problemi.
Já vou fazer.	Lo faccio subito.
Estará pronto para o senhor (amanhã).	Sarà pronto per Lei (domani).
É rapidinho.	Solo un secondo.
Sem problemas.	Senza problemi.

Aceitando com reservas	Accettando con riserve
Bom, isso depende...	Bene, questo dipende...
Tudo bem, contanto que...	Tutto bene, se...
Tudo bem, assim que...	Sì, quando...

"Talvez"	"Forse"
Vou dar um jeito.	Vedrò una maniera.
Vou ver o que dá para fazer.	Vedrò cosa si può fare.
Não posso garantir nada, mas...	Non posso garantire niente, ma...
Vou fazer o possível.	Farò il possibile.
É possível.	È possibile.

Respondendo que não	Rispondendo di no
Infelizmente (agora) não dá.	Purtroppo (proprio adesso) non è possibile.
Estou (meio) ocupado agora.	Sono (un po') occupato ora.
O senhor se importa se eu fizer mais tarde?	La disturbo se lo faccio più tardi?
É para quando?	È per quando?
Estou muito ocupado esses dias.	Sono molto occupato questi giorni.
Queria lhe ajudar.	Vorrei aiutarLa.

Os atrasos	I ritardi
Tem como adiantar isso?	Può farlo subito?
Tem previsão de...?	C'è la previsione di...?
Eu gostaria de ter isso antes, se for possível.	Mi piacerebbe averlo prima, se possibile.
Nós gostaríamos de ter isso antes, se for possível.	Ci piacerebbe averlo prima, se possibile.
Se puderem de alguma forma (mandar antes), eu ficaria muito agradecido.	Se poteste in qualsiasi maniera (inviarcelo prima), vi ringrazierei.
Se pudesse enviar isso (hoje), seria ótimo.	Se potesse inviarlo oggi, sarebbe ottimo.
Acho que vou precisar disso antes (deste outro).	Avrò bisogno di questo prima (di quest'altro).
Não gostaria de estar (vendo) isso em outro lugar.	Non vorrei trovarmi a (vedere) questo in altro posto.

Pedindo desculpas	Chiedendo scusa
Nós pedimos imensas desculpas.	Chiediamo scusa.
Isso não vai se repetir novamente.	Questo non si ripeterà un'altra volta.
A causa do problema já foi entendida.	La causa del problema è già stata capita.
Queremos continuar sendo seu...	Vorremo continuare ad essere il suo...

Descrevendo o estado da economia	Descrivendo lo stato dell'economia

Bom	Buono
A economia está crescendo rapidamente.	L'economia sta crescendo rapidamente.
A economia está forte agora.	L'economia è forte ora.
O futuro desta economia é promissor.	Il futuro di quest'economia è promettente.

Bom	Buono
Acredito que a economia esteja em ótima fase.	Credo che l'economia sia in un' ottima fase.
É uma economia em crescimento.	È un'economia in crescita.

Ruim	Cattivo
A economia está instável no momento.	L'economia è instabile per il momento.
Ninguém pode dizer para onde vai esta economia.	Nessuno può dire dove va finire quest'economia?
A economia está começando a cair.	L'economia comincia a cadere/crollare.
Estou vendo sinais de... na economia.	Vedo segni di... nell'economia.
Tem sempre o risco.	C'è sempre il rischio.
Na melhor das hipóteses...	Nella miglior delle ipotesi...

Descrevendo o mercado / Descrivendo il mercato

Bom	Buono
O mercado está propício para (este tipo de serviço).	Il mercato ora è buono per (questo tipo di servizio).
É um mercado em expansão.	È un mercato in espansione.
Acredito que exista um mercado em potencial ali...	Credo che ci sia un mercato buono lì...
Nossos estudos demográficos indicam...	I nostri studi demografici indicano...
Temos que agir na hora certa.	Dobbiamo agire al momento giusto.
Acredito que agora seja a hora.	Credo che adesso sia l'ora.
O mercado está perfeito.	Il mercato è perfetto.
É o senhor quem cria um mercado.	È Lei che crea un mercato.
Isto agrada ao mercado de...	Ciò è gradito al mercato di...

Ruim	Cattivo
Precisamos estudar mais o mercado.	Dobbiamo studiare di più il mercato.
O mercado está saturado.	Il mercato è saturo.
Acho que este mercado vai despencar.	Penso che questo mercato crollerà.
Não estou vendo valores ali.	Non vedo dei valori lì.

4

Italiano para Palestras e Reuniões

Não devemos nos esquecer da diferença entre o registro formal e o informal.

Apresentando um palestrante	Presentando un conferenziere
	veja o capítulo "Duas características da língua italiana", página 37
Olá para todos.	Buon giorno a tutti.
Eu sou (Anna Monti) da (Univ. di Roma).	Sono (Anna Monti) dell' (Univ. di Roma).
Tenho o prazer de apresentar...	Ho il piacere di presentare...
Temos a honra de ter aqui conosco hoje...	Abbiamo l'onore di avere oggi qui con noi...
Um homem/mulher que dispensa apresentações.	Un uomo/donna che non ha bisogno di presentazioni.
Um dos mais respeitados... do (Brasil).	Uno dei più rispettabili... del (Brasile)
Ele/Ela veio de (Milão) para nos falar de...	Lui/lei è venuto(a) da (Milano) per parlarci di...
...falará conosco sobre...	...ci parlerà di...

Apresentando um palestrante	Presentando un conferenziere
Como vocês sabem, ele/ela...	Como già sapete, lui/lei..
	veja também "Falando do trabalho" página 134 e "Currículo" página 130
Bom, acho que já falei demais...	Bene, penso di aver parlato un po' troppo...
Bom, não vou mais me estender...	Bene, finisco qua e...
É para mim um grande prazer trazer...	È per me un gran piacere portare...

Agradecendo um palestrante quando termina	Ringraziando un conferenziere quando finisce
Nós esperamos que tenham gostado da apresentação de hoje...	Speriamo che vi sia piaciuta la conferenza di oggi...
Nós esperamos que tenham aproveitado a apresentação de hoje...	Speriamo che abbiate approfittato della conferenza di oggi...
...ao menos eu sim.	...almeno io sì.
Agradeço mais uma vez por terem vindo.	Vi ringrazio ancora una volta per essere venuti.

Apresentando-se para o público	Presentandosi al pubblico
Bom-dia/Boa-tarde para todos.	Buongiorno/Buonasera a tutti.
Em nome de...	In nome di...
Agradeço a presença de todos.	Ringrazio tutti per la presenza.
Gostaria de me apresentar, eu sou...	Mi piacerebbe presentarmi, io sono...
Deixe-me falar só um pouquinho sobre mim...	Fatemi parlare un po' di me...
	veja também "Biografia" página 58
É um prazer estar com vocês...	È un piacere essere qui con voi...
Bem, acho que podemos começar.	Bene, penso che possiamo cominciare.
Bem, vamos começar.	Bene, cominciamo.
Meu nome é...	Il mio nome è...
Vejo muitas caras conhecidas na plateia hoje...	Vedo molte faccie conosciute qui oggi...
Para quem não me conhece, sou...	Per chi non mi conosce, sono...
Para aqueles que não me conhecem, sou...	Per quelli che non mi conoscono, sono...
Como vocês sabem...	Come sapete...

Apresentando-se para o público	Presentandosi al pubblico
Sou responsável por...	Sono il responsabile per...
	veja também "Falando do trabalho", página 134
Hoje gostaria de...	Oggi mi piacerebbe...
O que eu gostaria de fazer (agora de manhã) é...	Quello che mi piacerebbe fare (ora di mattina) è...
e assim espero...	e così spero...
Vou deixar um tempinho no final para perguntas.	Vi lascio uno spazio alla fine per le domande.
Eu pediria a vocês que deixassem para fazer as perguntas somente no final da apresentação. Obrigado	Vi chiederei di lasciare le domande per la fine della presentazione. Grazie.

O conteúdo da apresentação	Il contenuto della conferenza
Bom-dia a todos.	Buongiorno a tutti.
Agradeço a presença de todos.	Vi ringrazio per la vostra presenza.
	veja também "Apresentando-se para o público", nesta página
Hoje irei falar...	Oggi vi parlerò...
...falar-lhes sobre...	...vi parlerò di...
...lhes mostrar como...	...vi farò vedere come...
...revisar...	...ripassare...
...apresentar os resultados de...	...presentare i risultati di...
Vou, então, começar...	Allora, inizio...
...pondo vocês a par de...	...facendovi sapere che...
...dando uma visão geral de...	...dando una visione generica di...
...atualizando vocês sobre...,	...aggiornandovi su...,
para depois...	a dopo...
...apontar o que eu vejo como...	...sottolineare quello che vedo come...
...tirar algumas conclusões com base em...	...arrivare a delle conclusioni con base su/a...
...fazer algumas recomendações sobre...	...fare delle raccomandazioni su...
...discutir mais sobre...	...discutere di più su...
...dividir minhas conclusões com vocês.	...condividere le mie conclusioni con voi.

Criando empatia com o público	Creando un'empatia con il pubblico
Não é ruim quando...?	Non è brutto quando...?
Quantas pessoas têm aqui?	Quante persone ci sono qui?
Quantos aqui..?	Quanti di voi qui...?
O que realmente me incomoda é...	Veramente, ciò che mi disturba è...

Criando empatia com o público	Creando un'empatia con il pubblico
Bom, não sei com vocês, mas...	Bene, non lo so come è con voi, ma...
Se vocês são como eu...	Se siete come me…
Essa situação nós já conhecemos, não é?	Questa situazione la conosciamo già, non è vero?
Tenho certeza de que conhecem...	Sono sicuro che conoscete...
Vocês já ouviram isso?	Avete già sentito questo?
Bem, alguns dizem...	Allora, alcuni dicono...
Ora, eu sei o que estão pensando.	Bene, so quello che state pensando.
Mas, sabem...	Ma, vedete...
E nós sabemos o que isso significa.	E noi sappiamo cosa significa ciò.
Estou errado?	Sbaglio?

Citando durante a apresentação	Citando durante la presentazione
As pesquisas mostram...	Le ricerche mostrano...
De acordo com as últimas pesquisas/ últimos estudos...	Secondo le ultime ricerche/ gli ultimi studi…
Um estudo conduzido em (1996) pela (Univ. di Perugia) revelou que...	Uno studio fatto nel (1996) dall' (Univ. di Perugia) ha dimostrato che...
(Calvino) em seu livro (*As cidades invisíveis*) diz que...	(Calvino) nel suo libro (*Le città invisibili*) dice che...
Um dia desses, li em algum lugar que...	Uno di questi giorni ho letto da qualche parte che…
Acredito que tenha sido (Petrarca) que disse que...	Credo che sia stato (Petrarca) a dire che…

veja também "Provérbios e citações", página 127

Direcionando	Guidando
Bem, então...	Bene, allora...
Prosseguindo...	Continuando ...
A questão do...	La questione del…
Gostaria de recapitular, então, os pontos principais...	Mi piacerebbe ripassare, i punti principali…
Vamos voltar à questão de...	Riprendiamo la questione su...
Desviando um pouco do assunto...	Cambiando un po' l'argomento
Gostaria de ir agora para...	Mi piacerebbe passare al...
Voltando...	Tornando...

Direcionando	Guidando
Antes de prosseguir, gostaria de me expandir mais sobre...	Prima di continuare, mi piacerebbe parlare un po' di più di...
Para enriquecer o assunto...	Per arricchire questo argomento...
Para quem aqui não me conhece...	Per quelli che non mi conoscono qui...
Gostaria de prosseguir...	Mi piacerebbe proseguire...
Infelizmente nosso tempo está curto...	Purtroppo il nostro tempo è poco...
Infelizmente meu tempo acabou.	Purtroppo il mio tempo è finito.
Gostaria de concluir dizendo...	Mi piacerebbe concludere dicendo...
Vou então concluir recapitulando os pontos principais.	Concludo riprendendo i punti principali.
Só para concluir, então, gostaria de repetir...	Per concludere, dunque mi piacerebbe ripetere...

Acrescentando e destacando	Aggiungendo e sottolineando
Fora que...	Oltre...
Em particular...	In particolare...
Além disso...	Oltre a questo...
O que é muito importante é...	Ciò che è molto importante è...
Gostaria de enfatizar...	Mi piacerebbe sottolineare...
A questão principal é...	La questione principale è...
O "x" da questão é...	Il fulcro della questione è...
Mas vai além disso...	Ma va oltre ciò...
É também uma questão de...	È anche una questione di...
O ponto principal é...	Il punto principale è...
O importante é...	L'importante è...
Não se preocupe se...	Non si preoccupi se...

Usando visuais	Usando apparati visuali
Deem uma olhada nesse (gráfico).	Date un'occhiata a questo (grafico).
Como podem ver...	Come potete vedere...
Vocês podem ver bem lá no fundo?	Potete vedere là in fondo?
Eu sei que está meio difícil de ler...	Lo so che è un po' difficile da leggere...
Deem uma olhada para...	Date un'occhiata a...
Prestem muita atenção no...	Prestate molta attenzione a...
Vocês irão notar...	Vedrete...
Vocês irão notar na folha distribuída...	Vedrete sul foglio che vi è stato distribuito...

Usando visuais	Usando apparati visuali
Olhem...	Guardate...
Gostaria de enfatizar um ponto muito importante...	Vorrei sottolineare un punto molto importante...
Se olharem atentamente, irão notar...	Se guardate con molta attenzione vi rendete conto...
Não importa como você olhe, ...	Non importa come guardi, ...
O que isso nos mostra então?	Allora, cosa ciò ci dimostra?
O que podemos concluir com isso?	Cosa possiamo concludere con questo?
O que isso nos diz, fundamentalmente, é...	Cosa questo ci dice basicamente è...

Causa, efeito e sentido	Cause, effetto e senso
...(o que) causou um aumento significativo em...	...(quello) che ha provocato un aumento significativo in...
Houve uma queda em...	C'è stato un crollo nel...
Aumentou em...	È aumentato del...
Vimos um (leve/estável/repentino/enorme) aumento/queda em...	Abbiamo visto (un sottile/stabile/subito/enorme) aumento/crollo nel...
Graças a...	Grazie a...
...explica...	...spiega...
...causou...	...ha provocato...
Devido a...	Dovuto a...
...resultou em...	...è risultato in...
...resultaram em...	...sono risultati in...
...teve como resultados...	...ha avuto come risultati...
...são consequências de...	...sono consequenze di...

Quando o público parece confuso	Quando il pubblico sembra confuso
Até aqui, tudo bem?	Fin qua va tutto bene?
Alguma pergunta por enquanto?	Qualche domanda per il momento?
Confundi vocês?	Vi ho confuso?
É melhor explicar isso novamente.	È meglio spiegarvelo un'altra volta.
Basicamente, então, o que estou dizendo é...	Allora, basicamente quello che sto dicendo è...
Perdão, em outras palavras...	Scusatemi, in altre parole...
Preciso mencionar só uma coisa...	Devo menzionare una sola cosa...

Terminando	Finendo
Bem, encerrando então...	Dunque, per concludere...
Gostaria só de dizer...	Vorrei soltanto dire...
No geral...	In generale...
O principal é que...	Il punto principale è che...
Foi um prazer...	È stato un piacere...
...estar aqui com vocês hoje...	...essere qui con voi oggi...
...ter tido a oportunidade de...	...avere avuto l'opportunità di...
Acredito que consegui...	Credo che sono riuscito...
Muito obrigado.	Tante grazie.
Gostaria de abrir espaço agora para perguntas.	Adesso siamo aperti alle domande.
	veja também "As perguntas", nesta página
Estarei por aqui...	Sarò qui...
...se quiserem conversar mais comigo.	...se per caso volete parlare con me.
...se quiserem me perguntar algo mais.	...se volete domandarmi qualcosa in più.

As perguntas	Le domande
Perdão, poderia me dizer isso novamente?	Scusi, me lo potrebbe dire un'altra volta?
Perdão, não entendi. Poderia repetir?	Scusi, non ho capito? Potrebbe ripeterlo?
Desculpe-me, não entendi.	Mi scusi, ma non ho capito.
Desculpe-me, não deu para ouvir.	Mi scusi, non si è sentito.
Desculpe-me, pode falar um pouquinho mais alto?	Potrebbe parlare un po' più alto?
Desculpe-me, não ficou bem claro o que disse.	Mi scusi, per me non è molto chiaro quello che Lei ha detto.
...poderia explicar isso um pouco mais?	...potrebbe spiegarlo un po' di più?
Perdão, o que quer dizer exatamente com...?	Mi scusi, cosa vuole dire esattamente con...?
Acho que não percebi a ligação.	Penso di non aver capito bene il legame.
Desculpe-me, mas não estou acompanhando.	Mi scusi, ma non riesco ad accompagnare.
Certo, então o que está dizendo é...	Va bene, quindi quello che dice è...
Faz sentido.	Ha senso.
Boa pergunta.	Buona domanda.
Bem, como disse, ...	Bene, come ho già detto...
Bem, como mencionei anteriormente...	Bene, como ho già menzionato prima...
Que bom que tenha me perguntado isto.	È bene che abbia domandato questo.

As perguntas	Le domande
Você tocou num ponto muito interessante...	Hai toccato un punto molto interessante...
Esta é uma pergunta muito difícil de se responder.	Questa è una domanda molto difficile cui rispondere.
Essa pergunta parece ser uma para a qual ninguém acha resposta.	Questa domanda è una di quelle per cui nessuno trova una risposta.
Não tenho esses valores comigo, mas assim...	Non ho questi valori con me, ma così...
Mais alguma pergunta?	Ci sono altre domande?
O cavalheiro/senhora de (camisa azul).	Il signore/ la signora con (la camicia blu).
Acho que há uma pergunta lá no fundo...	Penso che ci sia una domanda là in fondo....
Bem, se não há mais perguntas, talvez devamos parar por aqui.	Allora se non ci sono più domande, chiudiamo qui.

Perguntas depois da palestra	Domande dopo la conferenza
Voltando ao que disse sobre...	Ritornando a quello che Lei ha detto su...
Tenho uma pergunta sobre...	Ho una domanda su...
Tenho um comentário sobre...	Ho un commento su...
O senhor falou sobre (reorganizar)...	Lei ha parlato di (riorganizzare)...
Poderia falar um pouco mais sobre isso?	Potrebbe parlare un po' di più su questo?
Quando o senhor falou sobre (o Brasil) mencionou...	Quando ha parlato del (Brasile) ha menzionato....
Poderia especificar sua opinião sobre isso?	Potrebbe specificare la sua opinione su questo?
Em outras palavras...	In altre parole...
Quando falou sobre...	Quando ha parlato di...
...mencionou o valor de ($10.000).	...ha menzionato una cifra di ($10,000).
Poderia nos dizer como chegou a esse valor?	Potrebbe dirci come è arrivato a questa cifra?
...falou alguma coisa sobre...	...ha detto qualcosa su...
Não sei se concordo (com)...	Non so se sono d'accordo (con)...
Se eu entendi bem...	Se ho capito bene...
Ainda não ficou bem claro...	Ancora non è molto chiaro...
Você tem mais folhas/apostilas?	Ha ancora dei fogli/delle dispense?

Uma reunião formal	Una riunione formale
Vamos começar?	Allora, cominciamo.
Posso começar a ler a ata da última reunião?	Posso cominciare a leggere i resoconti dell'ultima riunione?
Todos já viram a ata?	Tutti hanno già visto i resoconti?
Todos já receberam uma cópia da pauta?	Avete ricevuto una copia dell'agenda?
O primeiro item é...	Il primo punto è...
Gostaria de acrescentar...	Mi piacerebbe aggiungere ...
Será que podemos riscar o item (5) da agenda?	Possiamo cancellare il punto (5) dell'agenda?
O motivo da reunião de hoje é...	Il motivo della riunione di oggi è...
Gostaria de dar a palavra a...	Mi piacerebbe passare la parola a...
(Sr. Bianchi), o senhor gostaria de dizer algo a respeito disso?	(Signor Bianchi), Le piacerebbe dire qualche parola su questo?
Com licença, gostaria de fazer um comentário sobre...	Scusate, vorrei fare un commento su...
Vamos voltar para a questão.	Ritorniamo alla questione...
A questão em discussão aqui é...	La questione in discussione qui è...
Por favor, um de cada vez.	Per favore, uno alla volta.
Poderíamos prosseguir para o item (7)?	Potremmo proseguire con il punto (7)?
Pulando então para o item (10)...	Saltando al punto (10)...
Com a permissão da presidência/mesa, proponho que...	Con il permesso della presidenza/tavola, propongo che...
Alguém apoia?	Qualcuno è d'accordo?
Chegamos a um consenso?	Abbiamo un consenso?
Talvez precisemos de uma votação aqui.	Forse abbiamo bisogno di una votazione qui.
Vamos pôr em votação.	Facciamo la votazione.
Quem é a favor?	Chi è a favore?
Quem é contra?	Chi è contro ?
Parece que temos um consenso.	Mi sembra che abbiamo un consenso.
Muito bem, então estamos de acordo?	Molto bene, tutti siamo d'accordo?
Há algum outro assunto?	C'è qualche altro argomento?
Muito bem, então. Com isso, encerramos a nossa reunião. Obrigado.	Bene, con questo chiudiamo la nostra riunione. Grazie.

Apresentando um argumento	Presentando un argomento
Gostaria de dizer uma coisa sobre...	Mi piacerebbe dire una cosa su...
Posso apenas dizer umas coisinhas sobre...	Potrei solo dire alcune cose su...
Antes de tudo...	Prima di tutto...
Em primeiro lugar....	Per primo...
Neste primeiro momento...	In questo primo momento...
Outra coisa que eu gostaria de mencionar é...	Un'altra cosa che vorrei menzionare è...
Um bom exemplo é...	Un buon esempio è...
Estou percebendo que você quer expandir, mas (é um risco).	Vedo che vuole espandere, ma (è un rischio).
No geral...	In generale...
Pessoalmente, eu acho que...	Personalmente, penso che...
Bom, enfim, basicamente é isso aí.	Bene, dunque, basicamente è questo.

Propostas em uma reunião / Proposte in una riunione

Propondo	Proponendo
Recomendo (urgentemente) que...	Raccomando (urgentemente) che...
Eu proponho...	Propongo...
Posso fazer uma sugestão? Acho que...	Posso dare un suggerimento? Penso che...
Não seria melhor...	Non sarebbe meglio...

Reagindo a uma proposta	Reagendo a una proposta
Não vejo objeção alguma.	Non vedo nessun problema.
Em princípio eu gosto, mas ainda preciso...	D'acchito mi piace, ma ho ancora bisogno...
Não, não acredito que isso seja uma boa ideia.	No, non credo che questa sia una buona idea.

veja também "Vendendo a ideia", página 147

Em geral eu concordo com essa proposta, mas...	In generale sono d'accordo con questa proposta, ma...

Interrompendo	Interrompendo
Posso só dizer uma coisa?	Posso dire solo una cosa?
Me desculpe interromper, mas...	Mi dispiace interrompere, ma...
Gostaria de dizer uma coisa sobre...	Avrei una cosa da dire su...
Antes de você continuar, deixem-me só dizer que...	Prima di continuare, lasciatemi dire solo che...
Como eu estava dizendo...	Come dicevo...
Deixe-me só terminar aqui.	Fammi solo finire.
Eu vou voltar a esse ponto...	Ritornerò a questo punto...
Rapidinho...	Subito...

5

Italiano para Turismo e Hotelaria

Sobrevivência	Sopravvivenza
Registro Informal	**Registro Informale**
Você fala (português)?	Parli il (portoghese)?
Por favor, onde fica o banheiro?	Dov'è il bagno, per favore?
Bom-dia/boa-tarde/boa-noite.	Buon giorno/buona sera/buona notte.
Oi./Olá.	Ciao/Salve.
Tchau.	Ciao/arrivederci.
Vocês aceitam cartões de crédito?	Accettate la carta di credito?
Onde eu posso...?	Dove posso...?
Por favor, eu...	Scusami, io ...
Eu preciso...	Ho bisogno di...
Quanto é?	Quanto è?
Quanto custa?	Quanto costa?
Me desculpe, não entendi.	Scusami, ma non ho capito.
Você pode escrever isso para mim, por favor?	Me lo puoi scrivere, per favore?

Registro Informal	Registro Informale
Só um segundo, por favor.	Un attimo, per favore.
Obrigado.	Grazie.
De nada.	Prego.
Eu não falo italiano.	Non parlo l'italiano.
Eu sou do Brasil.	Sono del Brasile.
Sou brasileiro.	Sono brasiliano.
Você tem caneta?	Hai una penna?
Preciso de um médico.	Ho bisogno di un medico.

Registro Formal	Registro Formale
O senhor fala (português)?	Lei parla il (portoghese)?
Por favor, onde fica o banheiro?	Dov'è il bagno, per favore?
Bom-dia/boa-tarde/boa-noite.	Buon giorno/buona sera/buona notte.
Olá.	Salve.
Até logo.	ArrivederLa.
Aceitam cartões de crédito?	Accettate la carta di credito?
Onde eu posso...?	Dove posso...?
Por favor, eu...	Mi scusi, io...
Eu precisaria...	Avrei bisogno di...
Quanto é?	Quanto è?
Quanto custa?	Quanto costa?
Me desculpe, não entendi.	Mi scusi, ma non ho capito.
Pode escrever isso para mim, por favor?	Me lo può scrivere?
Só um segundo, por favor.	Un attimo, per favore.
Obrigado.	Grazie.
De nada.	Prego.
Eu não falo italiano.	Non parlo l'italiano.
Eu sou do Brasil.	Sono del Brasile.
Sou brasileiro.	Sono brasiliano.
O senhor tem caneta?	Ha una penna?
Preciso de um médico.	Ho bisogno di un medico.

Falando sobre uma viagem	Parlando di un viaggio

Antes – O viajante	Prima – Il viaggiatore
Vou para a (Itália) (no mês que vem).	Parto per l'(Italia) (il mese prossimo).
Não vejo a hora.	Non vedo l'ora.

Antes – O viajante	Prima – Il viaggiatore
Estou muito ansioso.	Sono molto ansioso.
Faz muito tempo que quero ir para lá.	È da molto tempo che voglio andarci.
Sempre foi um sonho poder ir para lá.	È sempre stato un sogno poter andarci.
Sempre ouvi coisas boas de lá.	Ne ho sempre sentito parlar bene.
Não vejo a hora de ir ao/ver o...	Non vedo l'ora di andarci/ di vederlo...
Eu parto no dia (15).	Parto il (15).
Vou ficar em/com...	Mi sistemerò a/da...
Vou ficar (2 semanas) lá.	Ci resterò (2 settimane).
Só vou passar as férias lá.	Ci vado solo per le vacanze.
Vou estudar lá.	Ci vado per studiare.
Vou lá a trabalho.	Ci vado per lavoro.
É uma viagem de negócios.	È un viaggio d'affari.
É uma mistura de trabalho e lazer.	È un misto di lavoro e piacere.
O que você quer que eu traga?	Cosa vuoi che ti porti?

Antes – Conversando com o viajante	Prima – Parlando con il viaggiatore

veja também "Dando um conselho", página 116

Registro Informal	Registro Informale
Quando você parte?	Quando parti?
Quando você volta?	Quando ritorni?
Para onde vai?	Dove vai?
Ah, lá é muito bom.	È proprio bello là.
Ah, sempre quis ir para lá.	Ho sempre voluto andarci.
Dizem que é legal.	Dicono che è bello.
Deve estar muito ansioso!	Devi essere molto ansioso!
É a primeira vez que vai para lá?	È la prima volta che ci vai?
Você vai a passeio/a trabalho?	Ci vai per lavoro o in vacanze?
Onde você vai ficar?	Dove ti sistemerai?
Com que companhia você vai?	Con quale compagnia ci vai?
Você vai sozinho?	Ci vai da solo?
Com quem você vai viajar?	Con chi viaggerai?
Você vai ficar lá quanto tempo?	Quanto tempo ci resterai?
Você vai se divertir.	Ti divertirai.
Você vai adorar.	Ti piacerà davvero.
Você escolheu a melhor época para ir lá.	Hai scelto il miglior periodo per andarci.
Prepare-se para o calor/frio.	Devi prepararti per il caldo/freddo.

Registro Informal	Registro Informale
Tire muitas fotos.	Devi fare un sacco di foto.
Quero ver as fotos quando você voltar.	Voglio vedere le foto quando ritornerai.
Não deixe de ir...	Devi andare...
Me traga um...	Portami un...

Registro Formal	Registro Formale
Quando o senhor parte?	Quando parte?
Quando o senhor volta?	Quando ritorna?
Para onde o senhor vai?	Dove va?
Ah, lá é muito bom.	È proprio bello.
Ah, sempre quis ir para lá.	Ho sempre voluto andarci.
Dizem que é legal.	Dicono che è bello.
Deve estar muito ansioso!	Deve essere molto ansioso!
É a primeira vez que o senhor vai para lá?	È la prima volta che ci va?
Vai a passeio/a trabalho?	Ci va per lavoro o in vacanze?
Onde vai ficar?	Dove si sistemerà?
Com que companhia?	Con quale compagnia?
O senhor vai sozinho?	Ci va da solo?
Com quem vai viajar?	Con chi viaggerà?
Vai ficar lá quanto tempo?	Quanto tempo ci resterà?
O senhor vai se divertir muito.	Lei si divertirà molto.
Vai adorar.	Le piacerà davvero.
O senhor escolheu a melhor época para ir lá.	Lei ha scelto il miglior periodo per andarci.
Prepare-se para o calor/frio.	Deve prepararsi per il caldo/freddo.
Tire muitas fotos.	Deve fare molte foto.
Queria ver as fotos quando você voltar.	Vorrei vedere le foto al suo ritorno.
Não deixe de ir a...	Deve andare...
Me traga um...	Mi porti un...

Durante – O viajante	Durante – Il viaggiatore
Estou me divertindo bastante.	Mi sto divertendo molto.
É exatamente como eu imaginei.	È proprio come immaginavo.
É ainda melhor do que imaginei.	È ancora meglio di quello che avevo immaginato.
Estou gostando muito do/da...	Mi sta piacendo molto il/la...

Durante – O viajante	Durante – Il viaggiatore
Mal posso esperar para contar aos meus (amigos/familiares)...	Non vedo l'ora di raccontarlo ai miei... (amici/parenti)...
Estou um pouco decepcionado (com...)	Sono un po'deluso (con....)
O... não é bem como imaginei que seria.	Il... non è come immaginavo che fosse.
É a (primeira) vez que venho aqui.	È la prima (volta) che vengo qui/che ci vengo.

Durante – Conversando com o viajante	Durante – Parlando con il viaggiatore

Registro Informal	Registro Informale
E então, está se divertindo?	E allora, ti stai divertendo?
O que está achando daqui?	Cosa pensi di qua/qui?
É a primeira vez que vem?	È la prima volta che ci vieni?
Já foi à...?	Ci sei già stato(a) a...?

Registro Formal	Registro Formale
E então, está se divertindo?	E allora, si sta divertendo?
O que o senhor está achando daqui?	Cosa pensa di qua/qui?
É a primeira vez que vem?	È la prima volta che ci viene?
Já foi à...?	Ci è già stato(a) a...?

Depois – As perguntas	Dopo – Le domande

Registro Informal	Registro Informale
Como foi a viagem?	Come è stato il tuo viaggio?
Foi tudo bem com o voo?	Il volo è stato buono?
Teve algum problema na alfândega?	Hai avuto qualche problema con la dogana?
Com quem foi?	Con chi ci sei andato?
Gostou da viagem?	Ti è piaciuto il viaggio?
Tirou fotos?	Hai fatto delle foto?
E então, como foi?	E allora, come è stato?
Você ficou lá quanto tempo mesmo?	Quanto tempo ci sei rimasto(a)?
O hotel era bom?	L'albergo era buono?
Onde você ficou?	Dove ti sei sistemato(a)?

Registro Informal	Registro Informale
Foi o que esperava?	Era quello che speravi?
Como estava o tempo?	Come era il tempo ?
A comida era boa?	Il cibo era buono?
E as pessoas, como eram?	E le persone come erano?
O que tem para fazer lá?	Cosa c'è da fare là?
E a vida noturna?	E di sera?
E as mulheres/homens?	E le donne/ gli uomini?
Ouvi falar que as (praias) são lindas.	Ho sentito dire che le (spiagge) sono bellissime.
Quero ver as fotos depois.	Voglio vedere le foto dopo.
Você deve ter um monte de histórias para contar.	Devi avere un sacco di storie da raccontare.
Você recomenda então?	Allora, me lo raccomandi?

Registro Formal	Registro Formale
Como foi a viagem?	Come è stato il suo viaggio?
Foi tudo bem com o voo?	Il volo è stato buono?
O senhor teve algum problema na alfândega?	Lei ha avuto qualche problema con la dogana?
Com quem foi?	Con chi ci è andato?
Gostou da viagem?	Le è piaciuto il viaggio?
Tirou fotos?	Ha fatto delle foto?
E então, como foi?	E allora, come è stato?
O senhor ficou lá quanto tempo mesmo?	Quanto tempo ci è rimasto(a)?
O hotel foi bom?	L'albergo era buono?
Onde o senhor ficou?	Dove si è sistemato?
Foi o que esperava?	Era quello che sperava?
Como estava o tempo?	Come era il tempo ?
A comida era boa?	Il cibo era buono?
E as pessoas, como eram?	E le persone come erano?
O que tem para fazer lá?	Cosa c'è da fare là?
E a vida noturna?	E di sera?
E as mulheres/homens?	E le donne/ gli uomini?
Ouvi falar que as (praias) são lindas.	Ho sentito dire che le (spiagge) sono bellissime.
Queria ver as fotos depois.	Vorrei vedere le foto dopo.
O senhor deve ter um monte de histórias para contar.	Lei deve avere tante storie da raccontare.
O senhor recomenda então?	Allora, me lo raccomanda?

Depois – As respostas	Dopo – Le risposte
Estava ótimo.	Era ottimo.
Foi uma das melhores/piores viagens da minha vida.	È stato uno dei migliori/peggiori viaggi della mia vita.
Fomos para todos os lugares.	Abbiamo girato tutto.
Infelizmente não pude...	Putroppo, non ho potuto...
O... estava fechado.	Il ...era chiuso.
Fiquei surpreso com...	Sono rimasto sorpreso di...
Não era nada do que imaginei.	Non c'entra niente con quello che avevo immaginato.
Foi tudo que eu imaginei.	È stato tutto come avevo immaginato.
O (tempo) estava (péssimo/bom/ótimo).	Il (tempo) era (orribile/buono/cattivo).
Estava muito quente lá.	Era molto caldo lá.
Fez sol o tempo todo.	C'è stato il sole tutto il tempo.
Choveu muito.	È piovuto molto.
As pessoas eram...	Le persone erano...

veja "No restaurante", Apêndice 3 página 223 e também "Compras" Apêndice 6 página 231

Estava tudo muito barato/caro!	Tutto era molto economico/caro!
Eu trouxe um... para você.	Ne ho portato uno... per te.
Eu trouxe alguns... para você.	Ne ho portati alcuni... per te.
Eu procurei em todas as partes um..., mas não achei.	Ho cercato dappertutto un..., ma non l'ho trovato.
Você teria adorado/odiado lá.	Avresti adorato/odiato là.
Não vejo a hora de voltar.	Non vedo l'ora di ritornarci.
Jamais voltaria.	Non ci tornerei mai.

Voando / Volando

Reservando um voo – Passageiro	Prenotando un volo – Passeggero
Bom dia, tem algum voo para o Rio de Janeiro, partindo no dia 30 de abril, com volta para o dia 5 de maio?	Buon giorno, c'è qualche volo per Rio de Janeiro che parte il giorno 30 aprile, e che ritorna il 5 maggio?
E saindo dia 29?	E partendo il 29?
Qual companhia aérea?	Quale compagnia?
Tem algum voo à noite?	C'è qualche volo di sera?
Quanto é a passagem?	Quanto è il biglietto?

Reservando um voo – Passageiro	Prenotando un volo – Passeggero
Você tem algo mais em conta?	C'è qualcosa di più economico?
Tudo bem, vou fazer minha reserva para este voo.	Va bene, farò la mia prenotazione per questo volo.
Quanto se deve pagar pelo excesso de bagagem?	Quanto si deve pagare per il sovrappeso?
Quanto custa a taxa de embarque?	Quanto costa la tassa d'imbarco?
Ainda tem lugar?	Ci sono ancora dei posti liberi?
Tem conexão para...?	C'è la coincidenza per...?
O avião faz escala em...?	L'aereo fa scalo a...?
A que horas devo chegar no aeroporto?	A che ora devo arrivare in aeroporto?

Reservando um voo – Agente	Prenotando un volo – Agente
Qual é a data de saída?	Qual è la data della partenza?
Saindo de?	Partendo da?
Saindo de (Roma) mesmo?	Partendo proprio da (Roma)?
E a data de chegada?	E la data d'arrivo?
Está viajando sozinho?	Viaggia da solo?
Me desculpe, mas não tenho nada para estes dias.	Mi scusi, ma non ho niente per queste date.
Teria uma flexibilidade de dias?	Avrebbe una flessibilità di date?
Talvez tenha um lugar num voo que sai dia 29.	Forse c'e un posto libero sul volo che parte il giorno 29.
Vou checar o sistema.	Controllerò il sistema
Só um momento, por favor.	Solo un attimo, per favore.
Tem preferência de horário?	Ha qualche preferenza di orario?
Prefere de manhã, de tarde ou de noite?	Preferisce di mattina, di pomeriggio o di sera?
Sim, eu tenho um voo às 9 horas saindo de (Roma) no dia 30 de abril e retornando no dia 5 de maio.	Sì, ho un volo alle 9:00 che parte da (Roma) il giorno 30 aprile e ritorna il 5 maggio.
Quer que eu reserve este para o senhor?	Vuole che Le faccia la prenotazione?
Muito bem, estou confirmando o voo 7456 pela Alitalia, saindo de (Roma Fiumicino) às 9 horas com escala em (Milão) e chegada no Rio de Janeiro prevista para as 7 horas da manhã seguinte.	Bene, sto confermando il volo 7456 dell'Alitalia, che parte da (Roma Fiumicino) alle 9:00 con scalo a (Milano) e arrivo a Rio de Janeiro alle 7:00 di mattina del giorno seguente.

Reservando um voo – Agente	Prenotando un volo– Agente
Seu retorno é no dia 5 de maio, saindo do Rio de Janeiro às 14 horas num voo direto para (Florença) com chegada prevista para as 23:30 do mesmo dia.	Il suo ritorno è per il giorno 5 maggio, partendo da Rio de Janeiro alle 14:00 con un volo diretto per (Firenze) con arrivo previsto per le 23:30 dello stesso giorno.
Está tudo correto?	Tutto giusto?
O senhor vai pagar com cartão?	Lei pagherà con la carta di credito?
Certo, qual é o número do cartão?	Va bene, qual è il numero della sua carta di credito?
E a data de validade?	E la data della scadenza?
Vou lhe dar o número de sua reserva. É...	Le do adesso il numero della sua prenotazione. È...
Obrigado (por voar...).	Grazie (per aver volato...).

Check-in no aeroporto – Agente	Check-in nell'aeroporto – Agente
Bom-dia/boa-tarde.	Buongiorno/buonasera.
Passagem e passaporte, por favor.	Il biglietto e il passaporto, per favore.
Sinto muito, mas o voo está lotado.	Mi dispiace, ma il volo è pieno.
Posso colocá-lo em espera.	Posso metterLa in attesa.
Qual é seu destino final?	Qual è la sua destinazione finale?
Quantas malas está levando?	Quante valigie ha?
Algum desconhecido lhe pediu que levasse alguma coisa?	Qualche sconosciuto Le ha chiesto di portare qualcosa?
Foi você mesmo quem fez as malas?	È stato(a) Lei a fare le valigie?
Fumante ou não fumante?	Fumatore o non fumatore?
O senhor prefere janela ou corredor?	Lei preferisce finestrino o corridoio?
Muito bem, está tudo certo.	Va bene.
Aqui está seu cartão de embarque.	Ecco la sua carta d'imbarco.
Seu portão de embarque é o (22).	L'uscita è la (22).
O embarque tem início às (8:30).	L'imbarco inizia alle (8:30).
É melhor andar logo.	È meglio andare subito.
O embarque já começou.	L'imbarco è già cominciato.
Boa viagem.	Buon viaggio.

Check-in no aeroporto – Passageiro	Check-in – Passeggero
Bom-dia/boa-tarde.	Buongiorno/buonasera.
Ainda tem algum lugar na janela/ corredor?	C'è ancora qualche posto libero nel finestrino/nel corridoio?
Tem alguma refeição a bordo?	C'è qualche pasto a bordo?
A que horas começa o embarque?	A che ora comincia l'imbarco?
Tenho de fazer outro embarque em (Milão)?	Dovrò fare un altro imbarco a (Milano)?
Minha bagagem teria que passar pelo *check-in* de novo?	Le mie valigie dovranno passare per il check-in un'altra volta?
Qual é o portão?	Qual è l'uscita?
Onde fica o portão número (22)?	Dov'è l'uscita (22)?
Posso levar isto como bagagem de mão?	Posso portare questo come bagaglio a mano?
Onde é o free-shop?	Dov'è il free-shop?

Durante o voo	Durante il volo
...voando direto para São Paulo.	...volo diretto per São Paulo.
...voando para o Rio e São Paulo.	...volo per Rio e São Paulo.
Gostaríamos de lembrá-los de que não é permitido fumar neste voo.	Vorremmo ricordarvi che in questo volo non è permesso fumare.
Estaremos decolando em instantes.	Partiremo fra un po'.
Obrigado por voar...	Grazie per aver volato...
Verifiquem se suas bandejas estão fechadas e travadas, seus cintos colocados e seus assentos voltados para a posição vertical.	Per favore, verificate se i tavolini sono chiusi e bloccati, le vostre cinture di sicurezza allacciate, e lo schienale del sedile nella posizione verticale.
Com licença, senhor/senhora. O seu cinto, por favor.	Mi scusi, signore/signora. La sua cintura, per favore.
Com licença, senhor/senhora, mas precisa voltar seu assento para a posição vertical. Obrigado.	Mi scusi, signore/signora, ma lo schienale del sedile deve ritornare nella posizione verticale.
Desculpe-me, mas não é permitido fumar.	Mi dispiace, ma non è permesso fumare.
Serão servidos jantar e café da manhã neste voo.	In questo volo vi saranno serviti la cena e la prima colazione.
Nosso filme a bordo hoje é *Casablanca*.	Il nostro film a bordo oggi è *Casablanca*.
Estaremos distribuindo fones de ouvido em alguns instantes.	Fra alcuni minuti vi distribuiremo gli auricolari.

Durante o voo	Durante il volo
Assim que o comandante apagar o sinal "apertem os cintos" vocês poderão se mover livremente, mas recomendamos que usem os cintos, enquanto estiverem sentados, até o final do voo.	Quando il comandante spegnerà le insegne luminose di "allacciare le cinture" potete muovervi liberamente, ma vi raccomandiamo di allacciarle mentre siete seduti fino alla fine del volo.
A duração do voo é de, aproximadamente, 10 horas.	La durata del volo è di circa 10 ore.
Se houver qualquer coisa que eu possa fazer, é só me chamar.	Se c'è qualcosa che io possa fare, basta chiamarmi.
O comandante disse que estamos nos aproximando de São Paulo. Pedimos que guardem todos os objetos nos compartimentos superiores ou embaixo dos assentos à sua frente.	Il comandante ha detto che ci stiamo avvicinando a São Paulo. Chiediamo, quindi, di mettere a posto i vostri oggetti nelle cappelliere o sotto il vostro sedile.
Favor fechar suas bandejas e voltar seus assentos para a posição vertical.	Chiudete i vostri tavolini e rimettete lo schienale dei vostri sedili nella posizione verticale.
Favor manter seus cintos apertados até a parada total do avião.	Per favore, mantenete le vostre cinture allacciate fino alla fermata totale dell'aereo.
Por favor, senhor, mantenha-se sentado até a parada total do avião. Obrigado.	Per favore, signore, rimanga seduto fino alla fermata totale dell'aereo. Grazie.
Tenham cuidado ao retirar seus pertences dos compartimentos superiores.	Fate attenzione nel prendere i vostri oggetti dalle cappelliere.
Bom-dia e bem-vindos a São Paulo, Brasil. Se seu destino é São Paulo, desejamos uma boa estadia, se vão prosseguir até o Rio de Janeiro, pediríamos a gentileza de permanecer no avião.	Buon giorno e benvenuti a San Paolo, Brasile. Se il vostro destino è San Paolo, vi desideriamo un buon soggiorno, se continuate fino a Rio de Janeiro, vi chiediamo di rimanere in questo aereo.
Em nome da Alitalia, agradecemos a preferência e desejamos a todos um bom dia.	In nome dell'Alitalia vi ringraziamo per la vostra preferenza e auguriano a tutti una buona giornata.

Durante o voo – Passageiro	Durante il volo – Passeggero
Gostaria de me sentar junto com minha (família).	Vorrei sedermi insieme alla mia (famiglia).
Com licença, mas acho que este é meu lugar.	Mi scusi, ma penso che questo sia il mio posto.
Eu poderia trocar de lugar?	Potrei cambiare sedile/posto?
Poderia me ver uma (água), por favor?	Mi porterebbe un bicchiere d'acqua, per favore?
Estes fones não estão funcionando.	Questi auricolari non funzionano.
Quanto tempo dura o voo?	Quanto tempo dura questo volo?
Quanto tempo falta para chegar em (São Paulo)?	Quanto tempo ci manca per arrivare a (San Paolo)?
Qual é o fuso horário entre São Paulo e (Roma)?	Qual è il fuso orario tra San Paolo e (Roma)?
Qual é a hora local em (Roma)?	Qual è l'ora locale a (Roma)?

Alfândega – Perguntas	Dogana – Domande
Qual é o motivo de sua estadia em (Milão)?	Qual è il motivo del suo soggiorno a (Milano)?
Quanto tempo pretende ficar?	Quanto tempo ci resterà?
Onde vai ficar?	Dove si sistemerà?
Você sabe o endereço?	Sa l'indirizzo?
Qual é o motivo da sua viagem?	Qual è il motivo del suo viaggio?
Posso ver o seu passaporte?	Posso vedere il suo passaporto?
Tem algo a declarar?	Ha qualcosa da dichiarare?
O que tem aqui dentro?	Cosa c'è qui dentro?

Alfândega – Respostas	Dogana – Risposte
Estou aqui a passeio/a trabalho/para uma conferência/visitando um amigo.	Sono qui in vacanza/per lavoro/per una conferenza/per visitare un amico.
Vou ficar (uma semana).	Ci resto (una settimana).
Vou ficar no Hilton.	Mi sistemerò all'Hilton
Vou ficar com (um amigo).	Resto da (un amico).
Devo declarar isto?	Devo dichiarare questo?
Isto não é meu?	Questo non è mio?
Tenho somente objetos de uso pessoal.	Ho soltanto oggetti d'uso personale.

Problemas com bagagem	Problemi con i bagagli
Acredito que a companhia tenha perdido minha bagagem.	Credo che la compagnia abbia perso i miei bagagli.
Vou ficar...	Resterò...
Vou ficar com...	Resterò con...
Quanto tempo isso leva geralmente?	Di solito quanto tempo ci mette?
Eu vou precisar de roupas e outras coisas enquanto isso.	Avrò bisogno di vestiti e altre cose nel frattempo.
Quanto vou receber para comprar (o que preciso) agora?	Quanto riceverò per comprare quello di cui ho bisogno adesso?
Isso é um transtorno mesmo.	È veramente un problema.

Perguntas – Bagagem perdida	Domande – Bagagli persi
Certo. Em que voo estava?	Sì. In quale volo si trovava?
Muito bem. Como era?	Sì. Come era il suo bagaglio?
Está em algum hotel?	È in qualche albergo?
O senhor tem algum telefone?	Lei ha un numero di telefono?
Nós pedimos mil desculpas...	Le chiediamo mille scuse...
Faremos o que for preciso para recuperar sua (bagagem) o mais breve possível.	Faremo ciò che è necessario per farle riavere il suo (bagaglio) il più presto possibile.
Só preciso que preencha este formulário aqui, por favor.	Ho bisogno che lei compili questa scheda qui, per favore.
Assim que soubermos de alguma coisa, entraremos em contato.	Appena avremo saputo qualcosa, La chiameremo.
Entraremos em contato dentro das próximas (24) horas.	Entreremo in contatto entro le prossime 24 ore.
Pedimos novamente desculpas.	Le chiediamo, ancora una volta, scusa.

Ligando do exterior	Chiamando dall'estero
Estou tentando ligar para o Brasil.	Sto provando a chiamare in Brasile.
Quero dar um telefonema.	Vorrei fare una chiamata.
Quero usar meu...	Vorrei usare il mio...
Telefonista, a linha caiu.	Centralinista, la linea è caduta.
Gostaria do número para...	Mi piacerebbe il numero per...

Onde ficar?	Dove sistemarsi?
Hotel – Hóspede	**Hotel – Ospite**
Você tem vaga para (1 pessoa/ 2 pessoas) para o dia...	C'è posto per (1 persona/2 persone) per il giorno...
Eu tenho uma reserva.	Ho una prenotazione.
Em nome de (Pietro).	In nome di (Pietro).
Aqui está o comprovante.	Ecco la conferma.
Eu quero um quarto para (1 pessoa/ 2 pessoas).	Vorrei una camera per (1 persona/2 persone).
Para (2) noites.	Per (2) notti.
Quanto é a diária?	Quanto è al giorno?
Tem banheiro no quarto?	C'è il bagno in camera?
Com café da manhã?	Include la colazione?
Tem alguma vista?	C'è qualche vista?
Gostaria de uma vista para (o mar), se possível.	Mi piacerebbe la vista sul (mare), è possibile.
Gostaríamos de uma vista para (o mar), se possível.	Ci piacerebbe la vista sul (mare), è possibile.
Preciso ser acordado às 7:30.	Ho bisogno di essere svegliato alle 7:30.
A que horas é o *check-out*?	A che ora è il *check-out*?
Como faço para conseguir uma linha?	Come faccio per telefonare?
Posso deixar minha bagagem...?	Posso lasciare le mie valigie...?
Posso deixar meus objetos no cofre?	Posso lasciare i miei oggetti nella cassaforte?
Vocês podem me informar onde posso comer bem?	Potete informarmi dove posso mangiare bene?
Posso comprar ingressos aqui para...?	Posso comprare i biglietti qui per...?
Onde fica o... mais próximo?	Dov'è il... più vicino?
	veja também "Explicando o caminho", página 77
Tem algum recado para mim?	C'è qualche messaggio per me?
Não tem água quente.	Non c'è acqua calda.
O aquecimento não está funcionando.	Il riscaldamento non funziona.
O ar-condicionado não está funcionando.	L'aria condizionata non funziona.
Será que tem alguém para consertá-lo?	Sarà che c'è qualcuno per aggiustarlo?
Eu gostaria de trocar as toalhas no quarto (22), por favor.	Vorrei il cambio degli asciugamani nella camera (22), per favore.
Gostaria de trocar de quarto, por favor.	Vorrei cambiare camera, per favore.

Hotel – Hóspede	Hotel – Ospite
Gostaria de ficar mais um dia, é possível?	Vorrei restarci ancora un giorno, è possibile?
Gostaria de fechar a conta, por favor.	Vorrei chiudere il conto, per favore.
Você poderia fazer uma conta separada para o telefone, por favor?	Potrebbe fare un altro conto per il telefono, per favore?
Aqui é do quarto 22. Vocês poderiam mandar alguém vir buscar a bagagem, por favor?	Questa è la camera 22. Potreste mandarmi qualcuno per prendere le valigie?

Hotel	Hotel
Para quantas noites?	Per quante notti?
Quantos hóspedes?	Quanti ospiti?
Para que dias?	Per quali date?
Quais são as datas?	Quali sono le date?
Infelizmente não temos vaga nesses dias.	Purtroppo non abbiamo posti liberi in questi giorni.
Sim, nós temos vaga nesses dias.	Sì, abbiamo posti liberi per questi giorni.
O senhor tem reserva?	Ha la prenotazione?
Qual é o nome, por favor?	Qual è il nome, per favore?
A saída é ao (meio-dia).	L'uscita (check-out) è a (mezzogiorno).
Só preciso que preencha isto, por favor.	Ho bisogno che Lei compili questo, per favore.
Certo, e preciso que assine aqui, por favor.	Va bene, e ho bisogno della sua firma qui.
Tem um cartão de crédito ou algum documento, por favor?	Ha una carta di credito o qualche documento, per favore?
Aqui está sua chave.	Ecco la sua chiave.
Tenha uma boa estada.	Faccia un buon soggiorno.
Pegando o elevador, é o (terceiro) andar.	Prendendo l'ascensore, è il (terzo) piano.
Gostaria de uma ajuda com as malas?	Vorrebbe un aiuto con i bagagli?
Para obter uma linha, ...	Per avere una linea,...
O senhor está fechando a conta hoje?	Lei sta chiudendo il suo conto oggi?
Consumiu alguma coisa do frigobar?	Ha preso qualcosa dal frigo?
Esperamos que tenham aproveitado a sua estada.	Speriamo che abbiate approfittato del vostro soggiorno.

Família	Famiglia
A que horas posso tomar banho?	A che ora posso fare la doccia?
Tudo bem se eu...?	Tutto bene se io...?
Vocês se importam se eu usar o telefone para uma ligação local?	Vi disturbo se uso il telefono per una chiamata locale?
Posso usar seu telefone?	Posso usare il suo (telefono)?
Dormi muito bem, obrigado.	Ho dormito molto bene, grazie.
Achei que deveria falar: a água quente não está funcionando.	Ho pensato che dovevo dirlo: l'acqua calda non funziona.
Queria só avisar que não volto para o jantar (hoje à noite).	Vorrei solo avvisare che non ritornerò per la cena (stasera).

Compras / Acquisti

Cliente	Cliente
Só estou olhando, obrigado.	Sto solo dando un'occhiata, grazie.
Vocês aceitam (American Express)?	Accettate (American Express)?
Vocês aceitam cheque de viagem?	Accettate traveler's checks?
Vocês têm...?	Avete...?
Estou procurando...	Sto cercando...
Vi uma (jaqueta) na vitrine.	Ho visto una (giacca) in vetrina.
Está em promoção?	È in vendita promozionale?
Posso mandar isso para o Brasil?	Posso inviare questo per il Brasile?
É para presente.	È un regalo.
Quanto fica com imposto?	Quanto è con la tassa?
Qual é o preço na promoção?	Qual è il prezzo della vendita promozionale?
Tem no tamanho P/M/G?	Ce l'avete nella taglia piccola/media/grande?
Tem num tamanho menor/maior?	C'è una taglia più piccola/grande?
Qual é o horário de vocês aqui?	Qual è il vostro orario qui?
A que horas fecham?	A che ora chiudete?
Quando fecham?	Quando chiudete?
Vocês abrem no (final de semana)?	Aprite nel (fine settimana)?
Quanto tempo leva?	Quanto tempo ci mette?
Vou ficar com este.	Prendo questo.
Vou ficar com estes.	Prendo questi.
Por favor, onde é que eu pago?	Per favore, dove pago?
Vou comprar este aqui, por favor.	Prendo questo qua, per favore.
Fazem troca?	Si può cambiare?
Me dá uma nota fiscal, por favor?	Mi dia la ricevuta fiscale, per favore?

Vendedor	Commesso
Eu já volto.	Torno subito.
Pois não?	Sì?
Oi, posso ajudá-lo?	Salve, posso aiutarLa?
Fique à vontade.	Prego, faccia pure.
Está procurando algo em especial?	Lei sta cercando qualcosa di speciale?
Posso ajudá-lo a encontrar alguma coisa?	Posso aiutarLa a trovare qualcosa?
(As camisas) estão em promoção.	(Le camicie) sono in vendita promozionale.
Nós não trabalhamos com...	Non lavoriamo con...
Vou verificar, um instante.	Verificherò, un attimo.
Posso lhe mostrar...	Posso mostrarLe...?
Quer ver mais alguma coisa?	Vuole vedere qualcos'altro?
São de ótima qualidade.	Sono di ottima qualità.
Duram a vida toda.	Durano tutta la vita.
É para presente?	È un regalo?
Pode pagar aqui.	Può pagare qui.
É só? Vai levar mais alguma coisa?	Basta? Vuole qualcos'altro?
Você teria outro cartão?	Lei avrebbe un'altra carta di credito?
Quer que ponha em uma sacola?	Vuole che lo metta in una busta?
Seu recibo.	La sua ricevuta.
Tenha um bom dia.	Le auguro una buona giornata.

Falando sobre compras	Parlando di acquisti
Está em promoção.	È in vendita promozionale.
Estava em promoção.	Era in vendita promozionale.
Estava com um preço tão bom que não pude resistir.	Il prezzo era così buono che non sono riuscita a resistere.
Fiz uma compra ótima.	Ho fatto un bell'acquisto.
Gastei os tubos.	Ho speso tutto.

veja "Compras" Apêndice 6 página 231 e também "Cores" Apêndice 11, página 241

Comendo e bebendo / Mangiando e bevendo

No restaurante – Cliente	Nel ristorante – Cliente
Quero fazer uma reserva para (2 pessoas) para (as 8 horas hoje à noite) por favor.	Vorrei fare una prenotazione per (2 persone) per le (8 ore di stasera), per favore.

No restaurante – Cliente	Nel ristorante – Cliente
Uma mesa para (2), por favor.	Un tavolo per (2), per favore.
Somos (2).	Siamo in (2).
Tem espera?	Si deve aspettare?
Podemos nos sentar (próximos à janela)?	Possiamo sederci (vicino alla finestra)?
Onde fica o toalete?	Dov'è la toilette?
Vou pedir um/o...	Vorrei ordinare un/il...
Vou pedir o mesmo que você.	Ordinerò la stessa cosa.
Dois, por favor.	Due, per favore.
Que sucos/cervejas vocês têm?	Quali succhi di frutta/birre avete?
Pode me trazer um garfo/colher/faca, por favor?	Mi può portare una forchetta/un cucchiaio/un coltello, per favore?
Poderia me trazer mais um garfo/colher/faca, por favor?	Mi potrebbe portare una forchetta/un cucchiaio/un coltello in più, per favore?
Uma outra colherzinha, por favor?	Un altro cucchiaino, per favore?
Poderia me trazer mais pão, por favor?	Potrebbe portarmi un po' più di pane?
Poderia nos trazer mais pão, por favor?	Potrebbe portarci dell'altro pane?
Não foi isso que eu pedi.	Non è stato questo che ho ordinato.
Eu pedi o...	Ho ordinato il...
Nós pedimos (2 águas).	Abbiamo ordinato (2 acque).
Eu deveria ter pedido isso.	Avrei dovuto ordinare questo.
Como está seu (filé)?	Com' è la tua (bistecca)?
Parece ótimo.	Sembra squisito.
Posso ver o cardápio de novo?	Posso vedere il menù un'altra volta?
Tem (chocolate)?	Avete del (cioccolato)?
Estava uma delícia, obrigado.	Era squisito, grazie.
Poderia me trazer a conta, por favor?	Potrebbe portarmi il conto, per favore?
Poderia nos trazer a conta, por favor?	Potrebbe portarci il conto, per favore?
Só a conta, por favor.	Solo il conto, per favore.

veja "Discutindo a conta", página 79 e também "No restaurante" página 223

Num restaurante	In un ristorante
Boa-tarde. Mesa para (dois)?	Buona sera. Tavolo per (due)?
Quantos são?	Quanti siete?
Há uma espera de (30 min).	C'è un'attesa di (30 minuti).
Os senhores têm uma reserva?	Avete la prenotazione?
Gostaria de deixar seu nome?	Vuole lasciare il suo nome?

Num restaurante	In un ristorante
Certo. Seu nome, por favor?	Prego. Il suo nome, per favore?
Os senhores gostariam de esperar no bar?	Volete aspettare nel bar?
Eu chamo quando houver uma mesa.	Vi chiamo quando il vostro tavolo sarà pronto.
Eu volto num instante.	Vengo subito.
Boa noite, tudo bem?	Buona sera, tutto bene?
Meu nome é (Alessandro) e estarei atendendo os senhores esta noite.	Il mio nome è (Alessandro) e vi servirò questa sera.
Querem começar com alguma bebida?	Volete cominciare con qualche bibita?
Querem fazer o pedido?	Volete ordinare?
Eu recomendo...	Vi raccomando...
Infelizmente estamos sem (gorgonzola) hoje.	Purtroppo, oggi non abbiamo il (gorgonzola).
Como quer seu (filé)?	Come vuole la sua (bistecca)?
Então, são...	Allora, sono...
Querem mais alguns minutinhos?	Vi serve qualche minuto in più?
Tudo bem, eu já volto.	Va bene, torno subito.
Perdão, mas aqui não é permitido fumar.	Mi dispiace, ma qui non si può fumare.
Está tudo bem?	Va tutto bene?
O senhor já terminou?	Lei ha già finito?
Aceitam um café ou uma sobremesa?	Volete un caffè o un dolce?
O senhor teria outro cartão?	Lei ha un'altra carta di credito?
Infelizmente não trabalhamos com este cartão.	Putroppo, non accettiamo questa carta di credito.
Obrigado e uma boa-noite.	Grazie e buona sera.

veja "No restaurante" página 223

Na casa de alguém	A casa di qualcuno

veja também "Recebendo uma visita", página 69

O cheiro está uma delícia.	L'odore è ottimo.
Está com uma cara ótima.	Sembra squisito.
Nossa, que delícia.	Madonna, come è squisito.
Obrigado. Estou satisfeito.	No, grazie. Sono soddisfatto.
Estava uma delícia.	Era squisito.
Obrigado pelo jantar. Estava ótimo.	Grazie per la cena.
Bem que eu queria poder ficar mais tempo, mas...	Vorrei restare ancora un po', però...

Registro Informal	Registro Informale
Deixe-me ajudar você com a louça.	Lasciami aiutarti con le stoviglie.
Como você fez isso?	Come l'hai fatto?
Você me dá a receita?	Mi dai la ricetta?

Registro Formal	Registro Formale
A senhora me daria a receita?	Lei mi darebbe la ricetta?
Como a senhora fez isso?	Come l'ha fatto?
Deixe-me ajudá-la com a louça.	Mi lasci aiutarLa con le stoviglie.

veja também "Desculpas", página 83

Entretenimento / Intrattenimento

No cinema	Al cinema
(2) ingressos para ("Casablanca").	(2) biglietti per ('Casablanca').
Para as (8).	Per le (8).
Ainda tem para as (8)?	Ce ne sono ancora per le (8)?
A que horas dá para entrar?	A che ora si può entrare?
Com licença, este assento está livre?	Permesso, questo posto è libero?
Desculpe-me, mas este assento não está livre, está ocupado.	Mi dispiace, ma questo posto non è libero, è occupato.

No teatro	A teatro
A que horas começa o espetáculo?	A che ora comincia lo spettacolo?
Ainda tem ingressos para hoje à (noite)?	Ce ne sono ancora biglietti per stasera?
Quero um lugar..., se possível.	Vorrei un posto..., se possibile.
Não muito atrás, se possível.	Non molto dietro, se possibile.
Tem alguma coisa mais perto do palco?	C'è qualcosa più vicino al palcoscenico?
Se tiver um lugar no meio, está ótimo.	Se c'è qualche posto in mezzo, va benissimo.
Desculpe-me, acho que este é meu lugar.	Mi scusi, ma penso che questo posto sia il mio.

Eventos esportivos	Eventi sportivi
	veja "Esporte" página 72
(2) ingressos para o jogo de quarta, por favor.	(2) biglietti per la partita di mercoledì, per favore.
Posso ver a programação?	Posso vedere la programmazione?
Não conheço os estádios italianos.	Non conosco gli stadi italiani.
Que jogo você me recomenda?	Quale partita mi raccomandi?
Seria bom um lugar perto do...	Andrebbe bene un posto vicino al...
A que horas começa o jogo?	A che ora comincia la partita?

Táxis — Taxi

Passageiro	Passeggero
	veja também "Falando com passageiros no carro", página 78
Está livre?	È libero?
Para o (Corso Vittorio Emanuele), por favor.	Per (Corso Vittorio Emanuele), per favore.
Quanto ficaria até...?	Quanto sarebbe fino...?
O... fica muito longe?	Il... è molto lontano?
O endereço é...	L'indirizzo è...
O senhor pode me deixar aqui na esquina, por favor.	Mi può lasciare qui all'angolo, per favore.
Aqui está ótimo.	Qui va bene.
Fique com o troco. Obrigado.	Tenga pure il resto, grazie.

Motorista	Autista
	veja também "Falando com passageiros no carro", página 78
Precisa de um táxi?	Ha bisogno di un taxi?
Eu pego isso para o senhor.	Glielo prendo io.
Deixe-me ajudá-lo com isso.	Mi lasci aiutarLa con questo.
Gostaria de colocar isso no porta-malas?	Le piacerebbe mettere questo nel portabagaglio?
Isso vai com o senhor?	Questo lo porta Lei?
Para onde?	Per dove?
Esta rua é transversal de qual?	Questa è una traversa di quale strada?
Fica perto do (estádio)?	È vicino allo (stadio)?

Motorista	Autista
E então, você é de onde?	Allora, di dov'è Lei?
É a primeira vez que vem...?	È la prima volta che viene a...?
Está a passeio/trabalho?	Lei è qui per lavoro o in vacanze?
Que número é?	Qual è il numero?
Vou pegar as malas para o senhor.	Le prendo le sue valigie.

Alugando um carro / Noleggiando una macchina

Cliente	Cliente
Gostaria de alugar um carro.	Vorrei noleggiare una macchina.
Quanto é a diária?	Quanto costa al giorno?
Quanto sai por semana?	Quanto costa alla settimana?
O que está incluído?	Questo include che cosa?
Gostaria de um carro (pequeno/médio/grande).	Mi servirebbe una macchina (piccola/media/grande).

Atendente	Commesso
Muito bem. O que nós temos disponível é...	Bene. Quello che abbiamo disponibile è...
Fica tudo em $25 por dia.	Tutto viene $ 25 al giorno.
Para quantos dias o senhor precisaria do carro?	Per quanti giorni Le serve la macchina?
Certo, eu preciso da carteira de motorista e de um cartão de crédito.	Va bene, ho bisogno della sua patente e della sua carta di credito.
Aqui estão as chaves.	Ecco le chiavi.
Está estacionado ali.	È parcheggiata lì.
Você precisa de mapa ou alguma coisa?	Ha bisogno di una cartina o qualcos' altro?
Boa viagem.	Buon viaggio.

Posto de gasolina	Distributore di benzina
Onde é o posto de gasolina mais perto?	Dov'è il distributore di benzina più vicino?
Ponha trinta litros de gasolina comum, por favor.	Metta trenta litri di benzina normale, per favore.
Ponha quarenta litros de gasolina especial, por favor.	Metta quaranta litri di benzina Super, per favore.

Posto de gasolina	Distributore di benzina
Preciso de água para o radiador.	Mi servirebbe un po' d'acqua per il radiatore.
Verifique o nível do óleo, por favor.	Per favore, verifichi il livello dell'olio.
Complete o óleo, por favor.	Per favore, aggiunga dell'olio.
Troque o óleo, por favor.	Per favore, cambi l'olio.
Calibre os pneus, por favor.	Per favore, controlli la pressione delle gomme.
Troque este pneu, por favor.	Per favore, cambi questa gomma.

veja também "Carros", página 192

Pode checar os pneus para mim, por favor?	Può controllare le gomme per me, per favore?
Encha o tanque, por favor.	Faccia il pieno, per favore.

Pedindo informações	Chiedendo informazioni

Registro Informal	Registro Informale
Quanto falta para chegar a (Siena), você sabe?	Quanto manca per arrivare a (Siena), lo sai?
Você sabe se estamos no caminho certo?	Lo sai se siamo sulla strada giusta?
Você poderia me dizer como chegar a Siena?	Mi potresti dire come faccio per arrivare a Siena?
Está longe?	È lontano?
Está perto?	È vicino?
Você poderia me dar um mapa?	Mi potresti dare una cartina
Como é que eu volto para a estrada?	Come faccio per riprendere l'autostrada?
Tem algum ponto de referência?	C'è qualche punto di riferimento?
Tem placas?	Ci sono dei cartelli?

Registro Formal	Registro Formale
Quanto falta para chegar a (Siena), o senhor sabe?	Quanto manca per arrivare a (Siena), Lei lo sa?
Sabe se estamos no caminho certo?	Lo sa se siamo sulla strada giusta?
Poderia me dizer como chegar a Siena?	Mi potrebbe dire come faccio per arrivare a Siena?

Registro Formal	Registro Formale
Está longe?	È lontano?
Está perto?	È vicino?
Poderia me dar um mapa?	Mi potrebbe dare una cartina
Como é que eu volto para a estrada?	Come faccio per riprendere l'autostrada?
Tem algum ponto de referência?	C'è qualche punto di riferimento?
Tem placas?	Ci sono delle targhe?

Perder e achar algo / Perdere e trovare qualcosa

Quem perdeu	Chi ha perso
Deixei minha máquina aqui esta tarde.	Ho lasciato la mia macchina fotografica qui questo pomeriggio.
Acho que a deixei no assento.	Penso di averla lasciata sul sedile.
Posso deixar meu telefone, caso a encontrem?	Potrei lasciarvi il mio numero di telefono, se per caso la trovate?

Respostas	Risposte
Está bem, vou checar.	Va bene, controllerò.
Quando foi que a perdeu?	Quando l'ha persa?
Hoje?	Oggi?
Hoje de manhã?	Stamattina?
Como ela é?	Com'è?
De que cor é?	Di quale colore è?
Mais algum detalhe?	Qualche altro dettaglio?
Quer deixar algum telefone?	Può lasciare un numero di telefono?

6

Morando no Exterior

Cursos no exterior — Corsi all'estero

Vindo do Brasil, o aluno estrangeiro vai encontrar algumas atitudes "estranhas" em outros países. Este estranhamento é fruto da diferença entre as culturas, o chamado *choque cultural*. O aluno, portanto, deverá não só aprender a língua de seu interesse, como também um pouco da cultura daquele determinado país.

Normalmente, na Itália, tanto o professor quanto o aluno, quando falam entre si, usam um registro formal, a terceira pessoa do singular (*lei*). Mas para se referir à turma como um todo o professor pode usar a segunda pessoa do plural (*voi*). Já quando o aluno se refere a um outro aluno, usa o registro informal, a segunda pessoa do singular (*tu*). Este é apenas um simples exemplo; se você estiver atento, poderá achar muitos outros.

O aluno	L'alunno
Eu tenho uma pergunta sobre...	Ho una domanda su...
	veja também "Perguntas depois da palestra", página 158
Fiquei na dúvida sobre...	Sono rimasto in dubbio su...
Não sei se estou na sala/classe certa.	Non so se sono nell'aula/nella classe giusta.
Acho que preciso mudar para um nível abaixo/acima.	Penso che devo cambiare per un livello superiore/inferiore.
Gostaria de conversar sobre mudar de turma.	Vorrei parlare di come cambiare di classe.
Vai cair na prova?	Ci sarà all'esame?
Espere! Não apague isso ainda, por favor!	Aspetti! Non cancelli, per favore!
Posso ver suas anotações?	Posso vedere i tuoi appunti?
Você tem as anotações de (sexta)?	Hai gli appunti di (venerdì)?
Não vou estar aqui para a prova.	Non ci sarò all'esame.
Posso fazer uma outra prova?	Posso fare un altro esame?
Tenho que faltar (amanhã).	(Domani) non potrò venire.
Tudo bem se eu sair um pouco cedo hoje?	C'è qualche problema se esco un po' più presto oggi?
	veja também "Desculpas", página 83
Em que página estamos?	In quale pagina siamo?
Tive alguns problemas com a lição.	Ho avuto dei problemi con i compiti.
Tenho uma pergunta sobre uma questão da prova.	Ho una domanda su una questione dell'esame.
Podemos usar o dicionário na prova?	Possiamo usare il vocabolario all'esame?

Registro Informal	Registro Informale
Gosto muito das suas aulas.	Mi piacciono molto le tue lezioni.
Você pode escrever isso no quadro?	Puoi scrivere questo sulla lavagna?
Desculpe, não estou enxergando o quadro.	Scusami, ma non vedo la lavagna.
Desculpe, tem um reflexo no quadro.	Scusami, ma c'è un riflesso sulla lavagna.
Desculpe o atraso!	Scusami il ritardo!
Me empresta sua (caneta)?	Mi presti la tua (penna)?
Desculpe-me. Não estava prestando atenção.	Scusami, non ero attento.

Registro Formal	Registro Formale
Gosto muito das suas aulas.	Mi piacciono molto le sue lezioni
Pode escrever isso no quadro?	Può scrivere questo sulla lavagna?
Desculpe, não estou enxergando o quadro.	Scusi, ma non vedo la lavagna.
Desculpe, tem um reflexo no quadro.	Scusi, ma c'è un riflesso sulla lavagna.
Desculpe o atraso!	Scusi il ritardo!
Me empresta sua (caneta)?	Mi presta la sua (penna)?
Desculpe-me. Não estava prestando atenção.	Mi scusi, non ero attento.

O professor	L'insegnante
Vai ter uma prova na sexta-feira.	Ci sarà un esame venerdì.
A prova (bimestral) tem peso... na nota final.	L'esame (bimestrale) conta... per il voto finale.
Silêncio na prova.	Silenzio durante l'esame.
Abram na página...	Aprite alla pagina...
Pulem até a página...	Saltate fino alla pagina...
Pulem para o número...	Saltate fino al numero...
Vocês devem estar todos na página...	Dovete essere tutti alla pagina...
Quem não tiver o livro, poderá acompanhar com um colega.	Chi non ha il libro può seguire con un collega.
Trabalhem em grupos de (2/3).	Lavorate in gruppi di (2/3).
Juntem-se em pares.	Mettetevi insieme due a due.
Por favor, tentem chegar na hora.	Per favore, arrivate nell'ora giusta.
Dá para enxergar?	Si vede?
Tudo bem até agora?	Tutto bene fin qua?
Alguma dúvida?	Qualche dubbio?
Vamos fazer um intervalinho?	Facciamo un piccolo intervallo?
Alguém tinha alguma pergunta sobre a lição de casa?	Qualcuno aveva una domanda sul compito di casa?
Bom, para lição de casa, façam...	Allora, come compito di casa, fate...
Gostaria de um minuto de silêncio, por favor.	Mi servirebbe un minuto di silenzio, per favore.
Gostaria de falar sobre o conceito de vocês.	Mi piacerebbe parlare del vostro giudizio.
Há mais alguma pergunta?	Ci sono altre domande?
Deem só uma olhada no quadro.	Date un'occhiata alla lavagna.

Procurando um apartamento	Cercando un appartamento
	veja também "Comprando e vendendo", página 146
Eu vi o anúncio no... para...	Ho visto l'annuncio su... per...
Estou ligando a respeito do (apartamento).	Chiamo per (l'appartamento).
Ainda está disponível?	È ancora disponibile?
Onde fica exatamente?	Dov'è esattamente?
Você pode me falar um pouco sobre o apartamento?	Potrebbe parlarmi un po' dell'appartamento?
Quanto está o aluguel?	Quanto è l'affitto?
O aluguel inclui água e gás?	L'affitto include le bollette dell'acqua e del gas?
Quantos dormitórios?	Quante camere ci sono?
Tem...?	C'è...?
É mobiliado?	È ammobiliato?
Posso ver o apartamento?	Si può vederlo?
Tem alguma coisa que eu precise saber?	C'è qualcosa che io debba sapere?
O bairro é seguro?	Il quartiere è sicuro?
Fica perto de...?	È vicino a...?
A partir de quando eu poderia me mudar?	Quando potrei trasferirmi?

Usando os serviços públicos	Usando i servizi pubblici
Você pode me informar onde posso saber sobre...?	Potrebbe indicarmi dove posso avere informazioni su…?
Com quem eu falo para...?	Con chi devo parlare per...?
É aqui que preciso ir para...?	È qui che devo andare per...?
Essa é a fila para...?	Questa è la fila per ...?
Você está na fila para...?	Sei in fila per...?
Você é o último?	Sei l'ultimo?
Desculpe-me, eu estava na fila.	Mi scusi, sono in fila.
Que demora!	Quanto tempo!
Estou aqui para...	Sono qui per...
O senhor pode anotar esta informação para mim?	Può scrivere quest' informazione per me?
Não tem outro jeito?	Non c'è un'altra maniera?
Tem que haver um jeito mais fácil!	Ci dev'essere una maniera più facile!

No banco	In banca

O cliente	Il cliente
Gostaria de trocar estes *traveller's checks*.	Mi piacerebbe cambiare questi traveller's cheques/assegno turistico.
Queria trocar reais (moeda brasileira).	Mi piacerebbe cambiare Reais (moneta brasiliana).
Qual é a taxa cambial de hoje?	Qual è il tasso di cambio oggi?
Gostaria de depositar este dinheiro.	Mi piacerebbe versare questi soldi.
Gostaria de sacar este dinheiro.	Mi piacerebbe prelevare questi soldi.
Gostaria de enviar dinheiro para...	Mi piacerebbe inviare soldi a…
Gostaria de um extrato?	Le servirebbe un estratto conto?
Gostaria de fazer uma transferência…	Mi piacerebbe fare un vaglia bancario ...
Gostaria de abrir uma conta poupança/corrente.	Mi piacerebbe aprire un conto risparmio/corrente.
Qual é o saldo mínimo?	Qual è il saldo minimo?
Qual é a taxa de juros?	Quanto è la tassa?
O que eu preciso para ter um cartão de crédito?	Cosa è necessario per avere una carta di credito?
Posso acessar minha conta pela Internet?	Posso accedere al mio conto attraverso internet?
Como posso transferir dinheiro da minha conta no Brasil?	Come posso fare un vaglia bancario dal mio conto in Brasile?
À vista	In contanti
Assinatura	Firma
Cheque	Assegno
Ordem de pagamento	Ordine di pagamento
Recibo	Ricevuta

O bancário	Il bancario
Como o senhor quer esse valor?	Come vuole questo valore?
O senhor tem conta aqui?	Ha un conto qui con noi?
Qual é o número da conta?	Qual è il numero del suo conto?
Pode me emprestar seu RG, por favor?	Posso vedere la sua carta d'identità?
Preciso que assine isto.	Ho bisogno della sua firma.
Um instante que eu vou checar.	Mi faccia controllare.

Carros | Macchine

veja também "Dirigindo", página 77

Comprando | Comprando

Comprando	Comprando
Olá, estou ligando a respeito do (Ford Escort).	Salve, chiamo per la (Ford Escort).
Me fale um pouco sobre o carro.	Dimmi qualcosa su questa macchina?
Qual é a quilometragem?	Quanti chilometri ha?
Que ano é?	Qual è l'anno?
Como está o carro?	Qual è la sua condizione?
Que cor é?	Qual è il colore?
O senhor é o único dono?	È l'unico padrone?
É econômico?	È economica?
Quanto está pedindo por ele?	Quanto vuole per la macchina?
Quanto falou que estava pedindo?	Quanto ha detto che voleva per la macchina?
O senhor aceita cheque?	Si può pagare con un assegno?
Posso ver o carro?	Posso vederla?
Posso levá-lo no meu mecânico?	Posso portarla dal mio meccanico?
Não posso pagar tudo isso agora.	Non posso pagare tutto questo ora.
Estou disposto a pagar ($5.000) por ele.	Posso pagare ($5.000) per la macchina.

Consertando | Riparando

Consertando	Riparando
Está fazendo um barulho esquisito.	Fa un rumore strano.
Acho que só precisa ser regulada.	Penso che abbia bisogno di essere regolata.
Os freios estão barulhentos.	I freni sono rumorosi.
Está esquentando.	...diventa molto calda.
Tem algo de errado quando se atinge uma velocidade alta.	Quando raggiunge alte velocità c'è qualcosa che non va.
Está com um cheiro esquisito.	Ha un odore strano
Tem peças de reposição originais para...?	Ha i pezzi di ricambio originali per...?

No cabeleireiro	Dal Parrucchiere
Mulher	**Donne**
Quero cortar o cabelo.	Vorrei tagliare i capelli.
Quero manter o corte.	Vorrei mantenere lo stesso taglio.
Quero lavar.	Vorrei lavarli.
Quero tingir.	Vorrei tingerli.
Quero fazer a mão/o pé.	Potrebbe farmi la manicure/la pedicure.
Quero tirar as sobrancelhas.	Mi ritoccherebbe le sopracciglia?
Quero uma maquiagem.	Vorrei fare il trucco.
Quero sem fixador.	Vorrei senza fissatore.
Quero fazer permanente.	Vorrei fare una permanente.
Quero fazer um penteado para a noite.	Vorrei fare una pettinatura da sera.
Gostaria das unhas arredondadas.	Mi piacerebbero le unghie rotonde.
Quero uma máscara facial.	Vorrei una maschera facciale.
Quero os cabelos presos.	Vorrei i capelli legati.
Homem	**Uomo**
Quero cortar.	Vorrei tagliarli.
Quero lavar.	Vorrei lavarli.
Bem curto, por favor.	Molto corti, per favore.
Não muito curto, por favor.	Non molto corti, per favore.
Quero deixar as costeletas curtas/ compridas.	Vorrei le basette corte/lunghe.

7

Italiano para Correspondência Escrita

Um anúncio de trabalho	Un annuncio di lavoro
	veja Apêndice 1 para nomes de cargos de trabalho
Somos um(a)...	Siamo un(a)...
	veja também "Destacando pontos positivos de uma empresa", página 136
Estamos procurando...	Cerchiamo...
	veja também "Descrevendo as pessoas", página 60
Com possibilidade de ascensão.	Con possibilità di sviluppo.
Temos as seguintes vagas:	Abbiamo i seguenti posti:
O candidato ideal será/terá...	Il candidato ideale sarà/avrà...
	veja também "Currículo", página 130 e "A entrevista de trabalho", página 131
Pré-requisitos:	Si richiede:
Deve ser fluente em...	Deve avere una fluenza in...
Deve conhecer...	Deve conoscere...
Deve ter experiência com...	Deve avere esperienza in/con...

Um anúncio de trabalho	Un annuncio di lavoro
Favor enviar CV via fax ou e-mail para...	Inviare CV via fax o e-mail a...
Faça parte de nossa equipe.	Faccia parte della nostra équipe.

Mensagens breves	Brevi messaggi
Recebi sua mensagem. Obrigado.	Ho ricevuto il suo messaggio. Grazie. (formal)
Recebi sua mensagem. Obrigado.	Ho ricevuto il tuo messaggio. Grazie.
Um aviso/recado sobre...	Un avviso/ messaggio su...
Um recadinho para dizer...	Un piccolo messagio per dire...
Só um recado para dizer...	Solo un messaggio per dire...
Só para te avisar/comunicar...	Solo per avvisarti/ comunicarti... (informal)
Só para lhe avisar/comunicar...	Solo per avvisarLa/ comunicarLe... (formal)
Só para lembrá-lo (de que o prazo...)	Solo per ricordarLe (che la scadenza...)
Só para checar...	Solo per controllare...
Vou escrever mais depois.	Scriverò di più dopo.
Está tudo bem?	Tutto bene?
Vou mantê-lo informado.	Ti mantengo informato. (informal)
Vou lhe manter informado.	La mantengo informato. (formal)

Cartas profissionais	Lettere professionali

Na Itália, o tratamento entre as pessoas é, geralmente, mais formal do que aqui, no Brasil. Se na fala já é assim, na escrita nem se fala! Por isto, em "Cartas Profissionais", o registro escolhido foi o *formal*. Não se esqueça de que este registro é caracterizado pelo pronome *lei* e pelo verbo na 3ª pessoa do singular.

veja o capítulo "Duas características da língua italiana", ná página 37

Aberturas	Esordi
Caro(a) Sr./Sra. Bianchi,	Caro(a) Signor(a) Bianchi,
Prezado Sr. Bianchi,	Egregio Signor Bianchi,
A quem possa interessar: ...	A chi possa interessare: ...
Espero que esteja bem.	Spero che stia bene.
Espero que tudo esteja correndo bem.	Spero che le cose vadano bene.
Obrigado pelo seu e-mail/carta.	Grazie per l'e-mail/la lettera.
Agradeço sua resposta.	La ringrazio per la risposta.
Muito obrigado pela resposta.	Grazie per la risposta.
Foi bom/um prazer falar ao telefone.	È stato positivo/un piacere parlare al telefono.

Aberturas	Esordi
Foi bom/um prazer falar ao telefone com o senhor.	È stato positivo/un piacere parlare al telefono con Lei.
Não pude dar atenção a seu... até (agora há pouco).	Non ho potuto dedicarmi al suo... fino (a poco fa).

Dizendo o objetivo	Dicendo l'obiettivo
Em resposta às suas perguntas, ...	Come risposta alle sue domande,...
Como discutimos...	Come abbiamo discusso...
Como solicitou...	Come ha richiesto...
Recebemos...	Abbiamo ricevuto...
Estou escrevendo para avisar o recebimento de...	Scrivo per avvisare il ricevimento di...
Estou escrevendo em resposta a...	Scrivo in risposta a...
Participei, há algum tempo, de uma de suas (palestras)...	Qualche tempo fa, ho assistito ad una delle sue (conferenze)...
Estou escrevendo para agradecer/ parabenizar pelo...	Sto scrivendo per ringraziare/congratularmi per...

Coisas boas	Cose Buone
Agradecemos sinceramente seu...	Ringraziamo sinceramente per il suo...
Fico contente com o convite...	Sono contento(a) per l'invito...
Tenho/Temos o prazer de informá-lo...	Ho/Abbiamo il piacere di informarLa...
É um imenso prazer anunciar...	È un gran piacere annunciare...
Muito obrigado por...	Tante grazie per...
Fiquei contente em saber que...	Sono rimasto contento(a) di saper che...
Ficamos contentes em saber que...	Siamo rimasti contenti(e) di saper che...

Coisas ruins	Cose cattive
Desculpe-me pelo atraso na resposta (mas...)	Mi scusi per il ritardo nel rispondere (ma...)
	veja também "Desculpas", página 83
Estava aguardando notícias suas (desde a semana passada).	Aspettavo notizie sue (dalla settimana scorsa).
Fiquei profundamente decepcionado com...	Sono rimasto veramente deluso con...

Coisas ruins	Cose cattive
Por favor, aceite nossas sinceras desculpas por...	Per favore accetti le nostre sincere scuse per…
Não recebemos pagamento pelo...	Non abbiamo ricevuto il pagamento per...
Lamento que não poderei...	Mi dispiace, non potrò...
Lamentamos, mas não poderemos...	Ci dispiace, ma non potremo...
Tive um pequeno problema com o e-mail.	Ho avuto un piccolo problema con l'e-mail.
Tivemos um pequeno problema com o e-mail.	Abbiamo avuto un piccolo problema con l'e-mail.
Por favor, aceite nossas desculpas pelo atraso na entrega.	Per favore, accetti le nostre scuse per il ritardo nella consegna.
Lamento...	Mi dispiace...
Gostaríamos de nos desculpar novamente em nome de todos os funcionários...	Ancora una volta vogliamo scusarci in nome di tutti i nostri funzionari.
...e esperamos poder atendê-lo melhor.	...e speriamo di poterla servire meglio.
...e esperamos ter a sua preferência para...	...e speriamo di poter rientrare nelle sue preferenze per...

Perguntas e pedidos	Domande e richieste
Qual é a melhor data?	Qual è la miglior data?
Para qual endereço gostaria que eu enviasse...?	A quale indirizzo Le piacerebbe che inviassi...?
Conte-me o que acha.	Mi dica cosa ne pensa.
Diga-me o que for melhor.	Mi dica quello che è meglio per Lei.
Poderia me mandar as medidas?	Potrebbe mandarmi le misure?
Poderia me mandar um folheto?	Potrebbe mandarmi l'opuscolo?
Poderia me mandar uma lista de preços?	Potrebbe mandarmi un listino prezzi?
Poderia me mandar qualquer material sobre...?	Potrebbe mandarmi del materiale su…?
Poderia me mandar novamente?	Potrebbe mandarmelo un'altra volta?
Agradeceria se pudesse receber...	La/Vi ringrazierei se potessi ricevere...
Estou interessado em seu...	Sono interessato al suo...
Tenho muito interesse em receber (informações) sobre...	Sono molto interessato a ricevere (informazioni) su…
Favor me avisar/informar...	Per favore avvisarmi/informarmi...
Por favor, enviar...	Per favore inviare...
Favor guardar esta informação para uma referência futura.	Per favore mantenere quest'informazione per un riferimento futuro.

Referências em uma carta	Riferimenti in una lettera
Como mencionado acima...	Come menzionato sopra...
Como mencionado no e-mail na carta...	Come menzionato nell'e-mail/nella lettera...
Abaixo está...	Sotto c'è...
Como nos falamos antes...	Come ci siamo detti prima...

Anexos e informações	Annessi e informazioni
Estou/Estamos anexando...	Sto/stiamo allegando...
Anexo está...	L'allegato è...
Encontrará as informações anexadas.	Le informazioni sono allegate.
Suas informações sobre o hotel/voo são as seguintes:	Le sue informazioni sull'albergo/sul volo sono:
Fizemos uma reserva no (Hilton)...	Abbiamo fatto una prenotazione all'Hilton...
Mandei uma solicitação para...	Ho inviato una richiesta per...
Enviei-lhe o... via (FedEx) ontem.	Le ho inviato il... via (FedEx) ieri.
Estarei fora do escritório e sem contato até...	Sarò fuori dall'ufficio senza essere raggiungibile fino a...

Encerrando	Chiudendo
Espero/Esperamos...	Spero/Speriamo...
Vou tentar entrar em contato com o senhor até...	Proverò a contattarLa entro il...
Agradeço sua paciência.	La ringrazio per la sua pazienza
Muito obrigado.	Tante grazie.
Estarei/Estaremos no aguardo por uma resposta.	Resterò/Resteremo nell'attesa di ricevere una risposta.
Agradeceria uma resposta de que recebeu este e-mail.	Sarebbe gradita una conferma del ricevimento dell'e-mail.
Favor responder assim que for possível.	Per favore, rispondere appena possibile.
Favor responder a este e-mail assim que puder. Obrigado.	Per favore, rispondere a quest'e-mail appena possibile. Grazie.
Se tiver qualquer comentário, favor...	Se c'è qualche commento, per favore...
(Estou) à disposição para quaisquer perguntas...	(Sono) a diposizione per qualsiasi domanda...

Encerrando	Chiudendo
Se houver algo que eu possa fazer, favor entrar em contato.	Se c'è qualcosa che posso fare, me lo faccia sapere.
Pode me encontrar no (3721-5565)...	Può trovarmi al numero (3721-5565)...
Espero/Esperamos notícias suas.	Aspetto/Aspettiano sue notizie.
Espero/ Esperamos uma posição sua.	Aspetto/Aspettiano una posizione sua.
Estou/Estamos aguardando vê-lo...	Spero/Speriamo di vederLa ...
Atenciosamente,/Cordialmente,	Cordiali saluti,/ con stima,
Felicidades,	Auguri,

Correspondência pessoal / Posta personale

Ao contrário de "Cartas Profissionais", o registro aqui é informal. Este tipo de correspondência é para amigos e conhecidos que já possuam algum grau de intimidade. O uso do verbo na 2ª pessoa do singular e o pronome *tu* são duas características deste registro.

Aberturas	Aperture
Caro/Querido Giovanni,	Caro Giovanni
Giovanni,	Giovanni,
Oi, Carletto,	Ciao Carletto
Olá, Carletto!	Salve, Carletto!
Meu adorado Carletto,	Mio caro Carletto,
Meu caro amigo,	Mio caro amico,
Que bom ter notícias suas.	Che bello avere tue notizie.
Me desculpe por não ter escrito durante todo este tempo...	Scusami per non averti scritto durante tutto questo tempo...
Como vai?	Come stai?
Como vão as coisas?	Come vanno le cose?
Como está (Roma)?	Come va (Roma)?
Quais são as novidades?	Quali sono le novità?
Espero que esteja tudo bem.	Spero che tutto vada bene.
Espero que esteja bem (em Firenze).	Spero che stia tutto bene (a Firenze).

Dizendo o objetivo	Dicendo l'obiettivo
Estou escrevendo para você saber que...	Ti scrivo per farti sapere che...
Só queria dar um alô e saber como vai.	Volevo soltanto dirti ciao e sapere come stai.
Pensei em você (ontem) e então deu vontade de te escrever.	(Ieri) ti ho pensato e allora mi è venuta una gran voglia di scriverti

Coisas boas	Cose buone
Obrigado pela companhia em Nápoles.	Grazie della tua compagnia a Napoli.
Obrigado mesmo pelo...	Mille grazie per…
Por aqui vai tudo bem.	Qui va tutto bene
Gostei de saber que...	Mi è piaciuto sapere che…
Obrigado pelo carinho.	Grazie per la tua attenzione.

Coisas não tão boas	Cose non tanto buone
As coisas estão um pouco (malucas) por aqui ultimamente.	Le cose sono un po' (pazze) questi ultimi tempi.
Fiquei triste de saber que...	Sono rimasto male dopo aver saputo che...
É uma pena eu não poder estar aí para...	È un peccato non essere accanto a te per…

Dando e pedindo informações	Dando e chiedendo informazioni
Como vão as coisas com...?	Come vanno le cose con ...?
Você ainda...?	Ancora…?
Adivinha o que aconteceu comigo (semana passada)?	Indovina quello che mi è successo (la settimana scorsa)?
	veja também "Contando histórias", página 96
Adivinha quem eu encontrei (ontem)?	Indovina chi ho incontrato (ieri)?
Me mantenha atualizado quanto ao...	Mantienimi aggiornato su…
Me avise, por favor, quando receber este e-mail.	Appena avrai ricevuto quest'e-mail, fammelo sapere.

Encerrando	Chiudendo
Bom, .../Bem...	Bene, ...
Bom, preciso ir.	Bene, devo andare.
Não desapareça!	Fatti vivo!
Um grande abraço e a gente se fala.	Un grande abbraccio, ci sentiamo.
Foi bom ter notícias suas.	È stato molto bello avere tue notizie.
Espero que esteja bem.	Spero che tu stia bene.
Espero que esteja se divertindo.	Spero che ti stia divertendo.
Com muito carinho,	Con affetto,
Saudades,	Mi manchi,

Encerrando	Chiudendo
Com amor,	Con amore,
Te adoro/amo,	Ti voglio bene, Ti amo,
Com muito amor,	Con tanto amore.
Beijos,	Baci,
Muitos beijos,	Tanti baci,

8

Expressões Comuns em Português
Espressioni Comuni in Portoghese

a curto prazo a breve termine (acho que vai funcionar a curto prazo = penso che funzionerà a breve termine)

a essa altura do campeonato a questo punto (a essa altura não tem mais nada que a gente possa fazer = a questo punto non c'è più niente che si possa fare)

a favor de a favore di (a decisão será a favor de meu irmão = la decisione sarà a favore di mio fratello)

a longo prazo a lungo termine (isso sai mais barato a longo prazo = questo è più economico a lungo termine)

a maior parte la maggior parte (a maior parte das pessoas resolveu ir embora = la maggior parte delle persone ha deciso di andare via)

à medida que man mano (à medida que ele aprende... = man mano che impara...)

a menos que a meno che (a menos que você queira = a meno che tu lo voglia)

a partir de a partire da (a partir de amanhã tudo será mais caro = a partire da domani tutto sarà più costoso)

a sós da soli (a gente quer estar a sós = vogliamo stare da soli)

à toa per nessuna ragione (ele está chorando à toa = lui sta piangendo per nessuna ragione)

a troco de in cambio di (ajudaram no jardim a troco de um copo de água = hanno aiutato nel giardino in cambio di un bicchiere d'acqua)

acabar com finire (ele acabou com toda a torta = lui ha finito tutta la torta)

acabar de appena (acabou de chegar = lui è appena arrivato)

ainda bem meno male (ainda bem que não choveu = meno male che non è piovuto)

ainda pior ancora peggiore (a conferência do ano passado foi pior ainda = la conferenza dell'anno scorso è stata ancora peggiore)

além de oltre a (algum outro problema, além desse? = qualche altro problema oltre a questo?)

além disso oltre a questo (além disso, ele nem tem carro = oltre a questo, lui non ha neanche la macchina)

alguma vez qualche volta (você já falou com ele alguma vez? = hai già parlato con lui qualche volta?)

aliás anzi (aliás, foi você que me chamou ontem? = anzi, sei stato tu a chiamarmi ieri?)

ao contrário de al contrario di (ao contrário do que as pessoas pensam, ele não é tão rico = al contrario di quello che le persone pensano, lui non è così ricco)

ao que parece da quello che sembra (ao que parece, ele não tinha dinheiro = da quello che sembra, lui non aveva soldi)

ao ritmo de al ritmo di (dançaram ao ritmo da música = hanno ballato al ritmo della musica)

aos poucos poco a poco (você vai aprendendo aos poucos = imparerai poco a poco)

apesar de nonostante (a gente saiu apesar da chuva = siamo usciti nonostante ci fosse la pioggia)

aprender a imparare a (aprendi a falar italiano = ho imparato a parlare l'italliano)

às vezes alle volte (às vezes eu me sinto muito sozinho = alle volte mi sento molto solo)

assim como così come (eles jantam muito tarde, assim como na Espanha = loro cenano molto tardi così come in Spagna)

assim que dopo che, appena (assim que cheguei em casa, liguei para você = appena dopo che sono arrivato a casa ti ho telefonato)

assim que puder appena + potere (me ligue assim que puder = appena puoi chiamami)

até breve a presto (até breve! = a presto!)

até certo ponto fino a un certo punto (eu concordo com você até certo ponto = sono d'accordo con te fino a un certo punto)

até já a presto (até já! = a presto!)

até lá ci vediamo in quella occasione (até lá! = ci vediamo in quella occasione!)

até mais ci vediamo dopo (até mais! = ci vediamo dopo!)

até que enfim finalmente (até que enfim! = finalmente!)

através de attraverso (recebi o trabalho através de um amigo = ho ricevuto il lavoro attraverso un amico)

atualizar aggiornare (atualizaram os arquivos = hanno aggiornato gli archivi)

bater na porta bussare alla porta (bateram na porta = hanno bussato alla porta)

bater um papo parlare del più e del meno (batemos um papo = abbiamo parlato del più e del meno)

boa-noite buona sera (oi, boa-noite! = ciao, buona sera!)

boa-tarde buona sera (boa-tarde! = buona sera!)

bom-dia buon giorno (bom dia para todos! = buon giorno a tutti!)
bom feriado buon giorno festivo (bom feriado! = buon giorno festivo!)
bom fim de semana buon fine settimana (bom final de semana! = buon fine settimana!)
botar fogo em bruciare (botaram fogo na escola = hanno bruciato la scuola)
brincadeira scherzo (é brincadeira, tá? = è uno scherzo, va bene?)
cada vez mais sempre di più (está ficando cada vez mais difícil = sta diventando sempre più difficile)
cair a ficha capire (agora caiu a ficha = adesso l'ho capito)
cair fora andare via (vou cair fora = vado via)
calma! calma! (calma aí! = calma!)
caso casomai (caso você queira fazer mais tarde, ainda vai ter vaga = caso mai hai voglia di farlo più tardi, ci saranno ancora dei posti)
cerca de circa (havia cerca de 5.000 = c'erano circa 5,000)
chega de basta (chega de discussão! = basta discutere!)
claro certamente (claro que eu quero = certamente lo voglio)
coitado poverino (coitado, ele não fez nada = poverino, non ha fatto niente)
com certeza certamente (eu vou com certeza = certamente ci vado)
com relação a a riguardo (ela não falou nada com relação ao trabalho = lei non ha detto niente a riguardo del suo lavoro)
como assim? come? (como assim, ele não tem dinheiro? = come, lui non ha soldi?)
como de costume al solito (como de costume, ela foi ao trabalho cedo = al solito è andata presto al lavoro)
como se come se (ele falou comigo como se não me conhecesse = ha parlato con me come se non mi conoscesse)
conforme secondo (fiz tudo conforme as suas recomendações = ho fatto tutto secondo le tue raccomandazioni)
da mesma maneira allo stesso modo (da mesma maneira, ela não sabia português = allo stesso modo, lei non sapeva portoghese)
dá na mesma è uguale (na verdade, dá na mesma = in verità, è uguale)
dá raiva venire la rabbia (dá raiva saber que ele não pagou = mi viene la rabbia nel sapere che lui non ha pagato)
dá sono venire sonno (esse remédio dá sono = con questa medicina mi viene il sonno)
dá vontade de venire la voglia di (dá vontade de chorar = mi viene la voglia di piangere)
daqui a pouco fra un po' (vamos jantar daqui a pouco = ceniamo fra un po')
dar certo funzionare (não deu certo = non ha funzionato)
dar o fora andare via (dá o fora daqui! = va' via da qui!)
dar confusão una confusione (quando mudaram o horário só deu confusão = quando hanno cambiato l'orario c'è stata una gran confusione)
dar uma folheada sfogliare (eu dei uma folheada e gostei = l'ho sfogliato e mi è piaciuto)
dar uma gargalhada dare una risata (a gente deu uma gargalhada quando ele saiu da sala = abbiamo dato una risata quando lui è uscito dall' ufficio)

dar uma olhada dare un'occhiata (você deu uma olhada no prédio? = hai dato un'occhiata al palazzo?)
dar uma volta fare un giro (eu saí para dar uma volta a pé = sono uscito per fare un giro a piedi)
dar um beijo dare um bacio (me dê um beijo – dammi um bacio)
dar um abraço dare um abbraccio (ele me deu um abraço = lui mi ha abbracciato)
dar-se conta de rendersi conto di (se deu conta de como ele é estúpido = si è reso conto di come lui è stupido)
de braços abertos a braccia aperte (nos receberam de braços abertos = ci hanno accolto a braccia aperte)
de cabeça para baixo a rovescio (estava de cabeça para baixo = era a rovescio)
de fato infatti (de fato, ele ligou = infatti, lui ha chiamato)
de forma que in maniera che (fale com ele de forma que não se sinta tão sozinho = parli con lui in maniera che non si senta così sola)
de longe da lontano (ela é, de longe, a melhor = lei è, da lontano, la miglior)
de modo que così (vou estudar, de modo que não vou ter tempo = studierò, così non avrò tempo)
de preferência di preferenza (estamos procurando uma secretária, de preferência brasileira = cerchiamo una segretaria di preferenza brasiliana)
de qualquer jeito in qualsiasi maniera (não quero fazer mas vou fazer de qualquer jeito = non voglio farlo, ma lo farò in qualsiasi maniera)
de repente subito (ele saiu de repente = subito, è uscito)
de todo tipo di ogni tipo (eles têm de todo tipo = loro ce l'hanno di ogni tipo)
de todos os tipos di tutti i tipi (ele tem de todos os tipos – lui ce l'ha di tutti i tipi)
de um lado para o outro da un lato all'altro (andava de um lado para o outro = camminava da un lato all'altro)
de várias formas in vario modo (você pode fazê-lo de várias formas = puoi farlo)
de vez em quando alle volte (eu converso com ela de vez em quando = alle volte parlo con lei)
deixar as coisas claras lasciare le cose chiare (ela deixou as coisas bem claras = lei ha lasciato le cose ben chiare)
deixar claro lasciare chiaro (deixei claro que não quis comprá-lo = ho lasciato chiaro che non ho voluto comprarlo)
deixar para lá lasciare stare (tudo bem, deixa para lá = tutto bene, lascia stare)
desde que da (desde que chegou no Brasil ele não fez amigos = da quando è arrivato in brasile non ha fatto degli amici)
deve ser dev'essere (não conheço a Espanha, mas deve ser muito bonita = non conosco la Spagna, ma dev'essere molto bella)
diferentemente de al contrario (diferentemente do que eu tinha pensado, não fazia muito calor lá = al contrario di quello che avevo pensato non faceva molto caldo là)

do mesmo jeito lo stesso (não tinha dinheiro para comprar, mas comprou do mesmo jeito, usando o cartão = non aveva soldi per comprare, ma l'ha comprato lo stesso con la carta di credito)
duvido que dubito che (duvido que ele seja sincero = dubito che lui sia sincero)
é a sua vez è il tuo turno (agora é a sua vez = adesso è il tuo turno)
e aí? e allora…? (e aí...? como vão as coisas? = e allora…? come vanno le cose?)
é hora de è l'ora di (é hora de ir embora = è l'ora di andare via)
é mesmo è vero (é mesmo, ele fala alemão = è vero, lui parla il tedesco)
é normal è normale (é normal que ela não tenha vontade de falar com ele = è normale che lei non abbia voglia di parlare con lui)
é o seguinte è questo (é o seguinte: não tenho o dinheiro agora, mas daqui a três dias vou ter = è questo: non ho i soldi adesso, ma fra tre giorni li avrò)
é tarde demais è troppo tardi (é tarde demais para pedir desculpas = è troppo tardi per chiedere delle scuse)
é verdade è vero (é verdade! ele pode nos ajudar! = è vero! lui può aiutarci!)
em breve a breve (em breve vamos ter mais coisas interessantes = a breve avremo più cose interessanti)
em cima da hora all'ultimo momento (fizeram seus pedidos em cima da hora = hanno fatto le loro richieste all'ultimo momento)
em geral in generale (a situação está estável em geral = la situazione in generale è stabile)
em lugar nenhum in nessun luogo/da nessuna parte (você não acha em lugar nenhum = non lo trovi in nessun luogo/da nessuna parte)
em outras palavras in altre parole (em outras palavras, nós gostamos muito = in altre parole, ci piace moltissimo)
em perigo in pericolo (elas estavam em perigo = loro erano in pericolo)
em primeiro lugar in primo luogo (em primeiro lugar, eu não gosto dele = in primo luogo, lui non mi piace)
em que sentido? in che senso? (você não gosta dele em que sentido? = in che senso dici che lui non ti piace)
em seguida subito dopo (meu pai me ligou e minha mãe me ligou em seguida = mio padre mi ha chiamato e subito dopo mia madre mi ha anche chiamato)
em todas as partes da tutte le parti; dappertutto (a violência estava em todas as partes = c'era la violenza da tutte le parti/dappertutto)
em torno de all'incirca (em torno de cem pessoas apareceram = c'erano all'incirca cento persone)
em vão invano (fizeram tudo em vão, não melhorou nada = hanno fatto tutto invano, non è migliorato niente)
embora nonostante (embora estivesse chovendo, resolvemos ir ao parque = nonostante ci fosse la pioggia, abbiamo deciso di andare al parco)
enfim infine (enfim chegamos = infine, siamo arrivati)
enquanto mentre (enquanto isso, eu estava no banco com meu irmão = mentre accadeva questo, ero in banca con mio fratello)
então tá allora, va bene (então tá, eu te ligo amanhã = allora/va bene, ti chiamo domani)

esperar que sperare che (espero que seja assim mesmo = spero che sia proprio così)
esse tipo de questo tipo di (não gosto desse tipo de brincadeira = non mi piace questo tipo di scherzo)
está brincando stare scherzando (falar com ele? está brincando = parlare con lui? stai scherzando)
está vendo? vedi? (está vendo como eles te adoram? = vedi come ti amano?)
estar atrasado essere in ritardo (não posso falar agora, estou atrasado para ir ao trabalho = adesso non posso parlare, sono in ritardo per andare al lavoro)
estar cansado de essere stanco di (estou cansado desse trabalho = sono stanco di questo lavoro)
estar claro essere chiaro (estava claro que ela não estava querendo ficar comigo = era chiaro che lei non voleva stare con me)
estar com calor avere caldo (estou com calor com este casaco = ho caldo con questa giacca)
estar com ciúmes essere geloso (você está com ciúmes dela? = sei geloso di lei?)
estar com fome avere fame (estou com muita fome = ho molta fame)
estar com frio avere freddo (você não está com frio? = non hai freddo?)
estar com inveja invidiare qualcuno (você está com inveja de mim = mi invidi?)
estar com medo avere paura (estou com medo de não conseguir = ho paura di non riuscirci)
estar com sede avere sete (estou com um pouco de sede = ho un po' di sete)
estar em dúvida essere in dubbio (estou em dúvida entre fazer inglês ou espanhol = sono in dubbio se studiare l'inglese o lo spagnolo)
estar em greve essere in sciopero (os funcionários estão em greve = i funzionari sono in sciopero)
estar enrolando alguém imbrogliare qualcuno (acho que eles estão enrolando você = penso che loro ti stiano imbrogliando)
estar ferrado essere fregato (se ficarem sabendo, estaremos todos ferrados = se lo sapranno saremo fregati)
estar com saudades sentire la mancanza di qualcuno (não vejo a hora de te ver... estou morrendo de saudades = non vedo l'ora di vederti... sento molto la tua mancanza/mi manchi molto)
estar na hora de essere l'ora di (acho que está na hora de voltar = penso che sia l'ora di ritornare)
estar na moda andare di moda (eu não gosto, mas está na moda = non mi piace, ma va di moda)
estar sem sono non avere sonno (estou sem sono = non ho sonno)
estar sem tempo non avere tempo (sinto muito mas estou sem tempo = mi diapiace, ma veramente non ho tempo)
estou brincando sto scherzando (você sabe que estou brincando = lo sai che sto scherzando)
falar sério parlare seriamente (estou falando sério = sto parlando seriamente)
faz parte fa parte (bom, faz parte, né? = bene, fa parte, non è vero?)
faz tempo è da qualche tempo (faz tempo que nós não nos víamos = è da qualche tempo che non ci vedevamo)
fazer a barba fare la barba (esqueci de fazer a barba = mi sono scordato di fare la barba)

fazer a matrícula iscriversi (não tenho dinheiro para fazer a matrícula = non ho soldi per iscrivermi)

fazer alguém feliz fare felice qualcuno (ela me fez muito feliz = lei mi ha fatto molto felice)

fazer amizade fare amicizia (demorei um tempo para fazer amizade = ci ho messo un po' di tempo per fare amicizia)

fazer amor fare l'amore (passaram a noite fazendo amor = hanno passato tutta la notte facendo l'amore)

fazer as contas fare i conti (eu fiz as contas em casa e cheguei à conclusão que será mais barato dirigir = ho fatto i conti a casa e ho concluso che è più economico guidare)

fazer bagunça fare un casino (só fazem bagunça = fanno solo dei casini)

fazer barulho fare rumore (esse carro faz muito barulho = questa macchina fa molto rumore)

fazer bem fare bene (acho que essa conversa com meu pai me fez muito bem = questo dialogo con mio padre mi ha fatto molto bene)

fazer comentários fare dei commenti (eu não quis fazer comentários = non ho voluto fare dei commenti)

fazer companhia fare compagnia (ela veio me fazer companhia em casa quando eu estava doente = lei è venuta a farmi compagnia a casa quando ero malato)

fazer de conta que fare finta di (faz de conta que você gosta disto = fai finta che ti piace questo)

fazer faculdade frequentare l'università (com a ajuda do meu pai comecei a fazer faculdade = con l'aiuto di mio padre ho cominciato a frequentare l'università)

fazer lembrar de uma coisa fare ricordare qualcosa (isso me faz lembrar de uma comida que minha mãe fazia = ciò mi fa ricordare un piatto che mia madre faceva)

fazer o máximo para fare il massimo per (fizeram o máximo para que eles se sentissem bem = hanno fatto il massimo affinchè loro si sentissero bene)

fazer o quê? cosa farci? (eu não quero trabalhar mas fazer o que, né? = non voglio lavorare, ma cosa farci?)

fazer questão de insistere per (eu fiz questão de ligar para ela todos os dias no horário do almoço = ho insistito per chiamarla tutti i giorni all'ora di pranzo)

fazer regime fare la dieta (preciso fazer regime = ho bisogno di fare la dieta)

fazer sentido avere senso (o que ele falou fez muito sentido = ciò che lui ha detto ha molto senso)

fazer sucesso fare successo (quando chegou no Brasil a primeira vez ele fez muito sucesso = quando è arrivato in Brasile, per la prima volta, ha fatto molto successo)

fazer uma pergunta fare una domanda (quero fazer uma pergunta = voglio fare una domanda)

ficar à vontade essere a tuo agio (entre aí e fique à vontade = entra e sentiti a tuo agio)

ficar assustado rimanere spaventato (fiquei assustado quando acabou a luz = sono rimasto spaventato quando la luce è andata via)

ficar atento stare attento (você tem que ficar atento quando sai sozinho = devi stare attento quando esci da solo)

ficar bravo arrabbiarsi (eles não pagaram e ele ficou bravo = loro non hanno pagato e lui si è arrabbiato)
ficar chocado rimanere sbalordito (parece que ela ficou chocada quando descobriu = sembra che lei sia rimasta sbalordita quando l'ha scoperto)
ficar claro apparire chiaro (ficou claro que eles não queriam falar conosco = è apparso chiaro che loro non volevano parlare con noi)
ficar com ciúmes rimanere geloso (ele a viu com o melhor amigo e ficou com muito ciúmes = lui l'ha vista con il suo miglior amico ed è rimasto molto geloso)
ficar com medo avere paura (não precisa ficar com medo do meu cachorro = non c'è bisogno di avere paura del mio cane)
ficar com pena de alguém avere pena di qualcuno (fiquei com pena dele e dei um pouco de dinheiro = ho avuto pena di lui e gli ho dato dei soldi)
ficar desapontado rimanere deluso (fiquei desapontado com ela = sono rimasto deluso di lei)
ficar dividido rimanere in dubbio (fiquei dividido porque gostava das duas = sono rimasto in dubbio perché mi piacevano tutte le due)
ficar doente ammalarsi (a casa estava fria e fiquei doente = la casa era fredda e mi sono ammalato)
ficar em casa restare a casa (com este tempo acho melhor ficar em casa = con questo tempo è meglio restare a casa)
ficar enrolando rimanere ad imbrogliare (ficou horas enrolando = è rimasto molto tempo ad imbrogliare)
ficar feio risultare brutto (tentei enfeitar um pouco, mas ficou feio = ho provato ad abbellire, ma è risultato brutto)
ficar feliz rimanere felice (que bom... fiquei feliz = che bello… sono rimasto felice)
ficar feliz por alguém essere felice per qualcuno (fico feliz por eles = sono felice per loro)
ficar grávida rimanere incinta (ficou grávida aos dezesseis anos = è rimasta incinta a sedici anni)
ficar juntos rimanere insiene (eu quero que fiquemos juntos = voglio che rimaniano insiene)
ficar louco impazzire (ele ficou louco por ela = è impazzito per lei)
ficar na dúvida rimanere in dubbio (fiquei na dúvida = sono rimasto in dubbio)
ficar na fila fare la fila (tive que ficar na fila durante uma hora = ho dovuto fare la fila durante un'ora)
ficar nervoso diventare nervoso (você ficou nervoso só por causa disso? = sei diventato nervoso solo per questo?)
ficar rico diventare ricco (depois do seu primeiro filme ela ficou rica = dopo il suo primo film lei è diventata ricca)
ficar sentado rimanere seduto (prefiro ficar sentado = preferisco rimanere seduto)
ficar sozinho rimanere da solo (quero ficar sozinho um pouco = voglio rimanere un po'da solo)
ficar vermelho arrossire (para! vou ficar vermelha! = smettila! arrossirò)
fora de ordem in disordine (os arquivos estão fora de ordem = gli archivi sono in disordine)

fora isso oltre a questo (fora isso, não tem mais problemas? = oltre a questo non ci sono altri problemi?)

frente a frente faccia a faccia (prefiro estar frente a frente com ela = preferisco stare faccia a faccia con lei)

futuramente in futuro (futuramente vamos ter menos problemas = in futuro avremo meno problemi)

graças a Deus grazie a dio (não teve mais reclamações, graças a deus = non ci sono stati più lamentele, grazie a dio)

grande parte de grande parte di (grande parte da população não quer nem saber = grande parte del popolo non ne vuole sapere)

infelizmente purtroppo (tinha quase terminado, mas infelizmente o tempo acabou = stavo quasi finendo, ma putroppo il tempo era finito)

interessar-se por interessarsi di (eles se interessam muito pela ciência = loro si interessano molto di scienza)

ir atrás de andare dietro a (ela foi embora e eu não fui atrás dela = è andata via e non sono andato dietro a lei)

ir embora andare via (eu vou ter que ir embora = devo andare via)

isso sì (você é o João? >isso. = tu sei João? >sì.)

isso mesmo esattamente (isso mesmo, ele não faz nada = esattamente, lui non fa niente)

isto é cioè (isto é, ele nunca quis casar até agora = cioè, lui non ha mai voluto sposarsi fino ad oggi)

já ouvi falar ne ho già sentito parlare (não conheço o lugar, mas já ouvi falar = non conosco questo locale, ma ne ho già sentito parlare)

já que dal momento che (já que está indo para a cozinha, você me traz o vinho? = dal momento che vai in cucina, me lo porti il vino?)

já volto tornare subito (já volto, vou ao banheiro = torno subito, vado in bagno)

jogar fora buttare via (vou jogar fora = butterò via)

jura? davvero? (jura? ele não vai? = davvero? lui non ci va?)

juro por Deus giuro su dio (juro por Deus, eu não peguei nada = giuro su dio, non ho preso niente)

levar-se em consideração prendere in considerazione (isso não se levou em consideração = questo non è stato preso in considerazione)

logo depois subito dopo (saímos para dançar logo depois de jantar = siamo andati a ballare subito dopo la cena)

longe de ser lungi da (longe de serem simpáticos, eles não falaram comigo = lungi dall'essere simpatici, non hanno parlato con me)

me diz uma coisa dimmi una cosa (mas, me diz uma coisa, como é que ele ficou sabendo? = ma, dimmi una cosa, come lui l'ha saputo?)

menos mal meno male (bom, menos mal = bene, meno male)

mentira! bugia! (mentira! você só pagou a metade! = bugia! hai pagato solo la metà!)

mesmo assim anche così (mesmo assim, acho que a outra casa é mais bonita = anche così, secondo me l'altra casa è più bella)

mudar de ideia cambiare idea (pensei em estudar na Austrália, mas depois mudei de ideia = ho pensato di studiare in Australia, ma dopo ho cambiato idea)

na boa senza problemi (eu faria na boa = lo farei senza problemi)

na época all'epoca (agora é engraçado, mas na época foi um desastre = ora è divertente, ma all'epoca è stato un disastro)

na faixa de circa (ela está ganhando na faixa de cinco mil por mês = lei guadagna circa cinquemila al mese)

na ida all'andata (na ida compramos o vinho = all'andata abbiamo comprato del vino)

na intimidade nell'intimità (na intimidade ele não é nada do que parece ser = nell'intimità lui non è quello che sembra essere)

na medida em que man mano che (na medida em que ele pratica seu inglês, fica mais fluente = man mano che lui pratica il suo inglese, diventa più fluente)

na prática nella pratica (é uma boa teoria mas, na prática, não vai funcionar = è una buona teoria, ma nella pratica non funzionerà)

na verdade in verità (na verdade, ele não sabe usar o computador = in verità, lui non sa usare il computer)

na volta al ritorno (vou ligar para ela na volta = la chiamerò al ritorno)

nada a ver non c'entra niente (não, nada a ver = no, non c'entra niente)

nada como niente come (nada como um vinho quente = niente come un vino caldo)

não aguentar farcela (não aguento este frio = non ce la faccio con questo freddo)

não contar non contare (este primeiro drinque não conta = questo primo drink non conta)

não estou nem aí non importarsi (ela não quer falar mais comigo, mas eu não estou nem aí = lei non vuole parlare più con me, ma non m'importa)

não faz mal non fa niente (não tenho dinheiro, mas não faz mal porque estou com o talão de cheques = non ho soldi ma non fa niente perché ho il libretto d'assegni)

não faz nenhuma diferença non fa nessuna differenza (não vou pintar a sala porque não faz nenhuma diferença = non dipingerò il salotto perché non fa nessuna differenza)

não foi nada non è stato niente (não tem por que me agradecer, não foi nada = non c'è bisogno di ringraziarmi, non è stato niente)

não há dúvida de que non ci sono dubbi che (não há dúvida de que ele a ama = non ci sono dubbi che lui l'ama)

não há nada melhor que non c'è niente di meglio che (não há nada melhor que uma cerveja depois do trabalho = non c'è niente di meglio che una birra dopo il lavoro)

não há nada pior que non c'è niente di peggio che (não há nada pior que ter que pagar impostos = non c'è niente di peggio che pagare le tasse)

não importa se non importa se (não importa se você não sabe alemão, o inglês é suficiente = non importa se non sai il tedesco, l'inglese è sufficiente)

não ligar non importarsi (ela fuma mas eu não ligo = lei fuma ma non m'importa)

não quero nem pensar non voglio neanche pensarci (não quero nem pensar = non voglio neanche pensarci)

não sei o que deu em mim non so cosa mi è successo (me desculpe, não sei o que deu em mim = mi scusi, ma non so cosa mi è successo)
não tem nada a ver non c'entra niente (eu sou divorciado, mas isso não tem nada a ver = sono divorziato, ma non c'entra niente)
não vai dar non sarà possibile (acho que não vai dar = penso che non sarà possibile)
não vejo a graça non è divertente (eles estão rindo mas eu não vejo a graça = loro ridono, ma non è divertente)
não ver a hora non vedere l'ora (não vejo a hora de vê-la de novo = non vedo l'ora di vederla un'altra volta)
naquela época a quell'epoca (naquela época não tinha computadores = a quell'epoca non c'erano i computers)
nem um pouco neanche un po' (ele não gostou nem um pouco = non gli è piaciuto neanche un po')
nesse caso in questo caso (bom, nesse caso vamos combinar para a semana que vem? = allora, in questo caso ci mettiamo d'accordo per la prossima settimana?)
no começo all'inizio (não gostei dela no começo = all'inizio lei non mi è piaciuta)
no entanto intanto (os ingleses, no entanto, têm costumes diferentes = gli inglesi, intanto, hanno delle abitudini diverse)
no fim alla fine (no fim tudo deu certo = alla fine tutto è andato bene)
no fundo in fondo (no fundo ele não a ama = in fondo lui non l'ama)
no início all'inizio (no início foi difícil = all'inizio è stato difficile)
no meio de al centro di (ele está no meio de tudo = lui è al centro di tutto)
no sentido que nel senso che (foi um sucesso no sentido que eles gostaram da ideia = è stato un successo nel senso che gli è piaciuta l'idea)
nossa! madonna! (nossa! que frio! = madonna! ma che freddo!)
nota-se si vede (nota-se que ele é brasileiro = si vede che è lui brasiliano)
o dobro de il doppio di (ela está ganhando o dobro do salário dele = lei sta guadagnando il doppio del suo stipendio)
o que conta é quello che conta è (o que conta é como você se sente = quello che conta è come ti senti)
o tempo todo tutto il tempo (ele está reclamando o tempo todo = lui si lamenta tutto il tempo)
ou seja ossia (ele não tem carro, ou seja, ele não vem conosco = lui non ha la macchina, ossia non viene con noi)
para falar a verdade per dire la verità (para falar a verdade, eu nunca fui ...= per dire la verità non ci sono mai stato...)
parece que sembra che (parece que ela não foi = sembra che lei non è andata)
pedir demissão licenziarsi (acho que vou pedir demissão = penso che mi licenzierò)
pedir desculpas chiedere delle scuse (é difícil para mim pedir desculpas = è difficile per me chiedere delle scuse)
pedir emprestado chiedere in prestito (ele me pediu emprestado e nunca devolveu = lui me l'ha chiesto in prestito ma non me l'ha mai restituito)

pelo amor de Deus! per l'amore di Dio! (apague essa luz, pelo amor de Deus! = spenga questa luce, per l'amore di Dio!)

pelo bem de per il bene di (eu fiz pelo bem dele = l'ho fatto per il suo bene)

pelo contrário al contrario (ele não reclamou... pelo contrário, ele até gostou = lui non si è lamentato… al contrario, gli è piaciuto)

pelo fato de per il fatto di (foram contratados pelo fato de serem experientes = sono stati contrattati per il fatto di avere esperienza)

pelo menos almeno (não temos dinheiro, mas pelo menos temos comida = non abbiamo soldi, ma almeno abbiamo del cibo)

perder a conta perdere il conto (perdi a conta de quantas pessoas me deram dinheiro = ho perso il conto di quante persone mi hanno dato soldi)

perder o controle perdere il controllo (ele bebeu demais e perdeu o controle = ha bevuto troppo e ha perso il controllo)

pode ser può darsi (você quer mais uma cerveja? >pode ser = vuoi un'altra birra? > può darsi)

pois é bene (pois é... vamos deixar para amanhã? = bene… lasciamo per domani?)

pois não sì (pois não, ele vai ligar para o senhor assim que voltar = sì, lui la chiamerà appena sarà ritornato)

por acaso per caso (você viu minhas chaves, por acaso? = hai visto le mie chiavi, per caso?)

por algum motivo per qualche motivo (por algum motivo ele não quis fazer faculdade = per qualche motivo non ha voluto frequentare l'università)

por causa de a causa di (não saímos por causa da chuva = non siamo usciti a causa della pioggia)

por coincidência per coincidenza (por coincidência ele também era de Salvador = per coincidenza, anche lui era di Salvador)

por conseguinte consequentemente (o voo está atrasado e, por conseguinte, vai chegar mais tarde = il volo è in ritardo e consequentemente, arriverà più tardi)

por engano per sbaglio (eu dei o dinheiro para eles por engano = gli ho dato i soldi per sbaglio)

por enquanto per il momento (por enquanto é só isso = per il momento è solo questo)

por exemplo per esempio (ela gosta de comida italiana, por exemplo = le piace il cibo italiano, per esempio)

por falar em a proposito di (por falar em comida, vamos jantar? = a proposito di cibo, ceniamo)?

por isso per questo (por isso eu não uso cartão de crédito = per questo non uso la carta di credito)

por meio de attraverso (eles se comunicam por meio de gestos = si comunicano attraverso dei gesti)

por mim per me (por mim, tudo bem = per me , tutto bene)

por nada per nessun motivo (por que você ligou? >por nada. = perché hai chiamato? >per nessun motivo)

por outro lado dall'altro lato/d'altro canto (por outro lado, seria mais barato dirigir = dall'altro lato sarebbe più economico guidare)

por trás de dietro a (eu sei o que está por trás dessa pergunta = lo so quello che c'è dietro a questa domanda)
quando você quiser quando vuoi (pode me ligar quando você quiser = puoi chiamarmi quando vuoi)
quantas vezes quiser quante volte vuoi (pode tentar quantas vezes quiser = puoi provarci quante volte vuoi)
quanto antes il più presto possibile (queremos terminar o quanto antes = vogliamo finire il più presto possibile)
quanto antes, melhor tanto più presto, meglio (acho que eles querem terminar, e quanto antes, melhor = penso che vogliano finire, e tanto più presto meglio)
quanto você quiser quanto vuoi (pode comer quanto você quiser = puoi mangiare quanto vuoi)
quantos você quiser quanti ne vuoi (pegue quantas flores você quiser = prendi quanti fiori vuoi)
que barato! che bello! (olha que barato o cabelo dele = guarda che belli i suoi capelli!)
que bom que che bello che (que bom que você veio = che bello che sei venuto)
que bom! che bello!
que coisa! che roba! (mas olhe que coisa... ele nem pagou = ma vedi che roba… non ha neanche pagato)
que demora! quanto tempo! (nossa, que demora! = ma, quanto tempo!)
que emoção! che emozione! (você vai conhecer o presidente... que emoção! = conoscerai il presidente… che emozione!)
que engraçado bella questa (que engraçado... eu esqueci que hoje é o meu aniversário = bella questa… mi sono scordato che oggi è il mio compleanno)
que estranho che strano (é verdade, ele não veio hoje... que estranho = è vero, lui non è venuto oggi… che strano)
que foi? che cosa c'è? (que foi? você está bem? = che cosa c'è? stai bene?)
que gracinha! che carino! (esse é seu sobrinho? que gracinha! = è tuo nipote? che carino!)
que legal! che bello (que legal, você não vai ter de pagar = che bello, non dovrai pagare)
que pena che peccato (que pena que vocês não podem vir = che peccato, non potete venire)
que saudades! che nostalgia! (que saudades! como você está? = che nostalgia! come stai?)
que sorte! che fortuna! (você vai viajar com eles? que sorte! = viaggerai con loro? che fortuna!)
que vergonha! che vergogna! (nossa, que vergonha! = madonna, che vergogna!)
quem você quiser chi vuoi (ela sai com quem ela quiser = lei esce con chi vuole)
relação a a riguardo di (escreveram uma carta em relação ao problema = hanno scritto una lettera a riguardo del problema)
a respeito de a riguardo (a respeito do dinheiro, eu só posso contribuir com a metade = a riguardo dei soldi, posso contribuire solo con la metà)
sair-se bem fare una bella figura (acho que ele se saiu muito bem na palestra = ha fatto una bella figura nella conferenza)

salvo tranne; eccetto (salvo aquele problema, deu tudo certo = tranne/eccetto quel problema, tutto è andato bene)
são seus olhos sono i tuoi occhi (que cabelo lindo! >são seus olhos = che bei capelli! >sono i tuoi occhi)
se Deus quiser se Dio vuole (vou conseguir, se Deus quiser = ci riuscirò se Dio vuole)
se por acaso se per caso (se por acaso você o vir, fale para ele que vou chegar mais tarde = se per caso lo vedi, digli che arriverò più tardi)
se preferir se preferire (se preferir, podemos continuar amanhã = se preferisci, possiamo continuare domani)
se quiser se vuoi (pode me chamar de Edu, se quiser = se vuoi, puoi chiamarmi Edu)
segundo secondo (segundo o que ele falou ontem, hoje vai chover mesmo = secondo quello che lui ha detto ieri, oggi pioverà)
sei lá non lo so (eu não gosto dela porque, sei lá, ela não... = lei non mi piace, non lo so, lei non...)
seja quem for chiunque sia (não deixe ninguém entrar, seja quem for = non lascia entrare nessuno, chiunque sia)
sem dúvida senza dubbio (ele virá, sem dúvida = lui ci verrà senza dubbio)
sem estresse senza stress (quero passar um fim de semana sem estresse = voglio avere un fine settimana senza stress)
sem exceção senza eccezione (todos, sem exceção, adoraram o show = tutti senza eccezione hanno adorato il concerto)
sem problema senza problemi (eu vou acabar este trabalho sem problema = finirò questo lavoro senza problemi)
sempre que ogni volta che (sempre que íamos lá, minha mãe nos acompanhava = ogni volta che ci andavamo, mia madre ci accompagnava)
sentir culpado sentirsi colpevole (me sinto culpado agora = mi sento colpevole ora)
ser mandado embora essere licenziato (foi mandado embora por faltar muito ao trabalho = è stato licenziato per essere mancato molto al lavoro)
ser visto como essere visto come (eles foram vistos como os inimigos = loro sono stati visti come i nemici)
será que sarà che (será que vai chover? = sarà che pioverà?)
seria interessante sarebbe interessante (não sei, acho que seria interessante ver isso = non lo so, ma penso che sarebbe interessante vedere questo)
serve serve (não tenho celular... um pager serve? = non ho il telefonino... un pager serve?)
sinceramente sinceramente (eu sinceramente acho que não vai dar problema = sinceramente, penso che non ci saranno problemi)
sinto muito mi dispiace (sinto muito, mas não posso dar mais nada = mi dispiace, ma non posso dare più niente)
sob controle sotto controllo (está tudo sob controle = è tutto sotto controllo)
sobretudo (que) soprattutto (não vou sair hoje, sobretudo porque amanhã tenho aquele exame = non uscirò oggi, soprattutto perché domani ho quell'esame)

sou suspeito sono di parte (o Brasil é o melhor, mas sou suspeito = il Brasile è il miglior, ma sono di parte)
tá bom? va bene? (eu te ligo depois, tá bom? = ti chiamo dopo, va bene?)
tá legal? va bene? (não estou a fim de ir, tá legal? = non ho voglia di andarci, va bene?)
tá vendo? vedi? (tá vendo como ele é? = vedi come lui è?)
tal como come (eu faço muitas atividades físicas, tais como correr e nadar = faccio molte attività fisiche, come correre, nuotare...)
tanto assim que così tanto che (me irritou muito... tanto assim que não falei mais com ele = mi ha fatto arrabbiare così tanto che non ho più parlato con lui)
tanto faz È lo stesso (tanto faz se ele fica ou vai embora = è lo stesso se lui rimane o se ne va)
ter certeza essere sicuro (tem certeza? = sei sicuro?)
ter certeza que essere sicuro che (eu tenho certeza que o vi no congresso = sono sicuro che l'ho visto nel congresso)
ter ciúmes de essere geloso(a) di (tenho ciúmes dele = sono gelosa di lui)
ter confiança em alguém avere fiducia di qualcuno (eu não tenho muita confiança nela = non ho molta fiducia di lei)
ter cuidado stare attento (i) (acho melhor você ter muito cuidado nesse bairro = è meglio stare molto attenti in questo quartiere)
ter em mente tenere a mente (é uma coisa para ter em mente = è una cosa che si deve tenere a mente)
ter fama de avere fama di (Los Angeles tem fama de ser um lugar perigoso = Los Angeles ha fama di essere un luogo pericoloso)
ter mania de avere mania di (ela tem mania de deixar as portas abertas = lei ha la mania di lasciare le porte aperte)
ter muito pique avere molta energia (ela tem muito pique para a idade que tem = lei ha molta energia per la sua età)
ter vaga c'è posto (tem vaga no curso só no dia vinte = c'è posto nel corso solo nel giorno venti)
ter vergonha vergognarsi (não tem vergonha? = non ti vergogni?)
ter vontade de avere voglia di (tenho vontade de gritar = ho voglia di gridare)
tipo o quê? tipo cosa? (ele ainda acha que o projeto está com problemas >tipo o quê? = lui ancora pensa che il progetto ha dei problemi >tipo cosa?)
tirar a roupa togliersi i vestiti (fui ao banheiro e tirei a roupa = sono andato in bagno e mi sono tolto i vestiti)
tirar férias andare in vacanza (vou tirar férias em maio = andrò in vacanza a maggio)
tirar fotos fare delle foto (tiramos muitas fotos do casamento = abbiamo fatto molte foto del matrimonio)
todo mundo tutto il mondo (todo mundo estava lá = tutto il mondo era lá)
tomar a liberdade de prendersi la libertà di (eles tomaram a liberdade de mudar a data = loro si sono presi la libertà di cambiare la data)
tomar banho fare la doccia (vou tomar banho para relaxar = farò la doccia per rilassarmi)

tomar parte prendere parte (ele veio porque quis tomar parte = lui è venuto perché ha voluto prender parte)
tomar sol prendere il sole (passei o dia de ontem tomando sol = ieri ho passato il giorno prendendo il sole)
tomar um drinque prendere un drink (vamos tomar um drinque enquanto aguardamos a mesa = prendiamo un drink, mentre aspettiamo il nostro tavolo)
tomar uma atitude prendere provvedimenti (ainda não tomaram uma atitude = ancora non hanno preso provvedimenti)
tomar uma decisão prendere una decisione (eu tive que tomar uma decisão difícil = ho dovuto prendere una difficile decisione)
tomara magari (amanhã vai fazer sol >tomara = domani ci sarà il sole > magari)
tudo bem tutto bene (tudo bem, eu reconheço que não está perfeito = tutto bene, riconosco che non è perfetto)
tudo o que você quiser tutto ciò che vuoi (você tem direito a tudo o que você quiser = hai diritto a tutto ciò che vuoi)
um monte de un sacco di (ela tinha um monte de livros = lei aveva un sacco di libri)
um pouco de un po' di (com um pouco de sorte a chuva vai parar = con un po' di fortuna smetterà di piovere)
por várias vezes molte volte/tantissime volte (por várias vezes, eu disse a ele para chegar cedo = gli ho detto tantissime volte di arrivare presto)
uma vez que una volta che (uma vez que você toma uma decisão, fica mais fácil = una volta che prendi una decisione, le cose diventano più facili)
valer a pena vale la pena (será que vale a pena esperar um pouco? = sarà che vale la pena aspettare un po')
vamos lá! andiamo! (bom, vamos lá! = bene, andiamo!)
várias vezes varie volte (eu tive que pará-la várias vezes = ho dovuto smetterla varie volte)
veja bem senti (veja bem, não temos mais tempo para isso = senti, non abbiamo più tempo per questo)
velho e bom vecchio e buono (nada como o velho e bom lápis = niente come la vecchia e buona matita)
vem cá dimmi (vem cá, o que você achou da peça? = dimmi, cosa ne pensi dello spettacolo?)
você acha? pensi (você acha justo? = pensi che sia giusto?)
você que sabe decidi (você que sabe, amarelo ou vermelho? = decidi, giallo o rosso?)
vou te contar ti racconterò (esse homem, vou te contar, tem muito dinheiro = questo uomo, ti racconterò, ha molti soldi)

Apêndice 1 – Trabalho
Appendice 1 – Lavoro

Trabalho	Lavoro	Trabalho	Lavoro
açougueiro	macellaio	**analista de mercado**	analista di mercato
administrador de rede	amministratore di rete	**analista de organização**	analista di organizzazione
advogado júnior	avvocato junior	**analista de sistemas**	analista di sistemi
advogado sênior	avvocato senior	**analista de sistemas júnior**	analista di sistemi junior
agricultor	agricoltore	**analista de sistemas sênior**	analista di sistemi senior
ajudante de produção	aiutante di produzione	**analista financeiro**	analista finanziario
alfaiate	sarto	**analista fiscal**	analista fiscale
analista contábil	analista contabile	**arquiteto**	architetto
analista de crédito	analista di credito	**artesão**	artigiano
analista de crédito júnior	analista di credito junior	**atacadista**	grossista
analista de crédito sênior	analista di credito senior	**artista**	artista
analista de investimento	analista di investimenti	**assistente administrativo**	assistente amministrativo
analista de laboratório	analista di laboratorio	**assistente contábil**	assistente contabile
		assistente de marketing	assistente di marketing

Trabalho	Lavoro	Trabalho	Lavoro
assistente de vendas	assistente alle vendite	**modelo**	modello
assistente social	assistente sociale	**motorista**	autista
ator	attore	**músico**	musicista
bailarina	ballerina	**oculista**	oculista
bibliotecário	bibliotecario	**oftalmologista**	
bombeiro	pompiere	**operário**	operaio
cabeleireiro	parrucchiere	**nutricionista**	nutrizionista
carpinteiro	falegname	**padeiro**	fornaio
carteiro	postino	**passadeira**	stiratrice
cientista	scienziato	**pedreiro**	muratore
cirurgião	chirurgo	**pescador**	pescatore
comerciante	commerciante	**piloto**	pilota
confeiteiro	pasticciere	**pintor**	pittore
contador	contabile	**policial**	poliziotto
cozinheiro	cuoco	**porteiro**	portiere
dentista	dentista	**professor**	professore
diretor	direttore	**programador**	programmatore
dona de casa	casalinga	**psicólogo**	psicologo
editor	editore	**relojoeiro**	orologiaio
eletricista	elettricista	**representante**	rappresentante
encanador	idraulico	**restaurador**	restauratore
engenheiro	ingegnere	**sapateiro**	calzolaio
escritor	scrittore	**secretária**	segretaria
garçom	cameriere	**serralheiro**	fabbro
gerente	gestore	**soldado**	soldato
instrutor de	maestro	**telefonista**	telefonista
autoescola	di guida	**topógrafo**	topografo
intérprete	interprete	**tradutor**	traduttore
jardineiro	giardiniere	**vendedor**	commesso
jornalista	giornalista	**veterinário**	veterinario
juiz	giudice	**vidraceiro**	vetraio
marinheiro	marinaio	**vigia**	vigile
mecânico	meccanico		

Apêndice 2 – Família
Appendice 2 – Famiglia

Família	Famiglia
avó	nonna
avô	nonno
avós	nonni
bisavó	bisnonna
bisavô	bisnonno
bisavós	bisnonni
cunhada	cognata
cunhado	cognato
esposa	sposa
ex-mulher	ex-moglie
ex-marido	ex-marito
família	famiglia
filha	figlia
filho	figlio
genro	genero
irmã	sorella
irmão	fratello
mãe	madre

Família	Famiglia
mamãe	mamma
marido	marito
moça	ragazza
mulher (esposa)	moglie
mulher (sexo feminino)	donna
neta	nipote
neto	nipote
pai	padre
papai	papà, babbo
pais	genitori
primo	cugino
prima	cugina
rapaz	ragazzo
sobrinha	nipote
sobrinho	nipote
sogra	suocera
sogro	suocero
tia	zia
tio	zio

Apêndice 3 – No restaurante
Appendice 3 – Al ristorante

Antepastos	Antipasti
anchova	acciughe
frios	affettato (i)
lagosta	aragosta
alcachofra	carciofo
caviar	caviale
salsichão	würstel
pepino	cetrioli
cogumelos	funghi
camarão	gamberi
caranguejo	granchi
escargot	lumache
melão e presunto	melone e prosciutto
azeitonas	olive
ostras	ostriche
presunto	prosciutto
salame	salame
linguiça	salsiccia
chouriço	sanguinaccio
lagostim	scampo
folheadinho	sfogliatino
queijo	formaggio

Saladas	Insalate
salada	insalata
salada de pepino	insalata di cetrioli
salada de camarão	insalata di gamberi
salada de alface	insalata di lattuga
salada de batata	insalata di patate
salada russa	insalata russa

Sopas	Brodi e minestre
sopa	minestra
sopa de arroz	minestra di riso
sopa de verdura	minestra di verdura
sopa de legumes	minestrone
sopa de feijão e macarrão	pasta e fagioli
sopa com pão e peixe	zuppa alla marinara

Carne	Carne
cordeiro	agnello
assado	arrosto
bife	bistecca
boi	bue
cabrito	capretto
carne defumada	carne affumicata
carne moída	carne trittata
alcatra	culaccio
fígado	fegato
carne de porco	maiale
carneiro	montone
ossobuco	ossobuco
almôndega	polpetta
almôndega grande	polpettone
rã	rana
escalope	scaloppine
picadinho	spezzatino
vitela	vitello

Aves e carne de caça	Uccelli e selvaggina
veado	capriolo
javali	cinghiale
coelho	coniglio
faisão	fagiano
galinha d'angola	faraona
galinha	gallina
lebre	lepre
ganso	oca
perdiz	pernice
frango	pollo
peru	tacchino

Peixes e frutos do mar	Pesci e frutti di mare
enguia	anguilla
lagosta	aragosta
arenque	aringa
bacalhau	baccalà
carpa	carpa
mexilhão	cozze
marisco	frutti di mare
peixe frito	fritto di pesce
frutos do mar	frutti di mare
camarão	gambero
caranguejo	granchio
siri	granchiolino
merluza	merluzzo
badejo	nasello
salmão	salmone
lagostim	scampo
linguado	sogliola
atum	tonno
truta	trota
vôngole	vongole

Vegetais	Vegetali
aspargos	asparagi
beterraba	barbabietola
alcachofra	carciofo
cenoura	carote

Vegetais	Vegetali
couve	cavolo
couve-flor	cavolfiore
grão-de-bico	ceci
chicória	cicoria
cebola	cipolla
agrião	crescione
feijão	fagioli
vagem	fagiolini
champinhom	funghi
lentilhas	lenticchie
berinjela	melanzana
pimentão	peperone
ervilha	pisello
nabo	rapa
rabanete	ravanelli
aipo	sedano
abóbora	zucca
abobrinha	zucchina

Frutas	Frutte
abacaxi	ananas
laranja	arancia
banana	banana
castanha	castagna
cereja	ciliegia
melancia	cocomero, anguria
tâmara	dattero
figo	fico
morango	fragola
tangerina	mandarino
maçã	mela
melão	melone
amora	mora
avelã	nocciola
noz	noce
pera	pera
pêssego	pesca
grape fruit	pompelmo
ameixa	prugna
uva	uva
framboesa	lampone

Apêndice 4 – Doença
Appendice 4 – Malattia

Doença	Malattia
alergia	allergia
anemia	anemia
apendicite	appendicite
asma	asma
azia	bruciore di stomaco
bronquite	bronchite
cãibra	crampo
calafrio	brivido
câncer	cancro
caxumba	orecchioni
cólica	colica
conjutivite	congiuntivite
coqueluche	tosse canina
desmaio	svanimento
diabetes	diabete
diarreia	diarrea
febre	febbre

Doença	Malattia
ferida	ferita
fratura	frattura
gripe	influenza
hemorragia	emorragia
inchaço	gonfiore
inflamação	infiammazione
insônia	insonnia
pressão	pressione
tosse	tosse
vertigem	vertigini
vômito	vomito

Apêndice 5 – Na farmácia
Appendice 5 – In farmacia

Na farmácia	In farmacia
absorvente higiênico	assorbenti igienici
água oxigenada	acqua ossigenata
analgésico	analgesico
anticoncepcional	anticoncezionale
aspirina	aspirina
atadura	fascia
calmante	calmante
colírio	collirio
curativo	medicazione
gargarejo	gargarismo
glicose	glicosi
gotas	gocce
insulina	insulina
meia elástica	calza elastica
menta	menta
pílula	pillole
pomada	pomata
preservativo	preservativo
remédio	medicina
seringa	siringa

Apêndice 6 – Compras
Appendice 6 – Acquisti

Compras	Acquisti
abotoadura	gemelli
anel	anello
avental	grembiule
blusa	camicetta
boné	berretto
bota	stivali
botão	bottone
brinco	orecchini
broche	spilla
calça	pantaloni
calça de esqui	pantaloni da sci
calção de banho	costume da bagno
calcinha	mutandine
camisa	camicia
camisola	camicia da notte
capa de chuva	impermeabile
casaco	giacca

Compras	Acquisti
chapéu	cappello
cinto	cintura
colete	panciotto
combinação	sottoveste
corrente de ouro	catena d'oro
cueca	mutande
echarpe	scialle
estola	stola
gravata	cravatta
jaqueta	giacca
lenço	fazzoletto
luva	guanti
meia	calze
meia-calça	calze da donna
pérola	perla
pijama	pigiama
pingente	ciondolo
pulseira	braccialetto
roupão	accappatoio
saia	gonna
sapato	scarpe
sapato de esqui	scarponi da sci
sapato de ginástica	scarpe da ginnastica
sapato feminino	scarpe da donna
sapato masculino	scarpe da uomo
sapato de salto alto	scarpe a tacco alto
sobretudo	cappotto
sutiã	reggiseno
touca	cuffia
vestido	vestito
roupa de verão	abito estivo

Apêndice 7 – Esportes
Appendice 7 – Sport

Esportes	Sport
alpinismo	alpinismo
atletismo	atletica leggera
automobilismo	automobilismo
basquete	pallacanestro
boliche	bowling
boxe	pugilato
caça	caccia
canoagem	canotaggio
ciclismo	ciclismo
competição	gara
equitação	equitazione
esqui	sci
futebol	calcio
ginástica	ginnastica
golfe	golf
handball	palla a mano
iatismo	sport della vela

Esportes	Sporte
judô	judo
natação	nuoto
mergulho	tuffi
patinação	pattinaggio
pesca	pesca
pesca de anzol	pesca all'amo
remo	canottaggio
tênis	tennis
time	squadra
voleibol	pallavolo

Apêndice 8 – Dias, meses e estações
Appendice 8 – Giorni, mesi e stagioni

Dias da semana	Giorni della settimana
segunda-feira	lunedì
terça-feira	martedì
quarta-feira	mercoledì
quinta-feira	giovedì
sexta-feira	venerdì
sábado	sabato
domingo	domenica

Meses do ano	Mesi dell'anno
janeiro	gennaio
fevereiro	febbraio
março	marzo
abril	aprile
maio	maggio
junho	giugno

Meses do ano	Mesi dell'anno
julho	luglio
agosto	agosto
setembro	settembre
outubro	ottobre
novembro	novembre
dezembro	dicembre

Estações do ano	Stagioni dell'anno
outono	autunno
inverno	inverno
primavera	primavera
verão	estate

Apêndice 9 – No correio
Appendice 9 – Nell'ufficio postale

No correio	Nell'ufficio postale
caixa de correio	cassetta postale
caixa postal	casella postale
carta	lettera
carta sedex	espresso
carta registrada	raccomandata
cartão-postal	cartolina
carteiro	postino
endereço	indirizzo
envelope	busta
guichê	sportello
pacote	pacco
pacote pequeno	pacchetto
reembolso	contrassegno
remetente	mittente
selo	francobollo
telegrama	telegramma

Apêndice 10 – Tempo/clima
Appendice 10 – Tempo/clima

O tempo/o clima	Il tempo/il clima
ar	aria
calor	caldo
ciclone	ciclone
coberto	nuvoloso
corrente de ar	corrente d'aria
frio	freddo
geada	gelata
gelo	ghiaccio
granizo	grandine
neblina	nebbia
nevasca	nevischio
neve	neve
relâmpago	fulmine
sol	sole
temperatura	temperatura
tempestade	tempesta
tempo	tempo

O tempo/o clima	Il tempo/il clima
temporal	temporale
terremoto	terremoto
trovão	tuono
vento	vento

Apêndice 11 – Cores
Appendice 11 – Colori

Não se esqueça: O substantivo *colore* pertence ao gênero masculino, em italiano. ***Il colore***

Cores	Colori
amarelo	giallo
amarelado	giallastro
azul	blu
branco	bianco
cinza	grigio
claro	chiaro
escarlate	scarlatto
escuro	scuro
laranja	arancione
lilás	lilla
marrom	marrone
negro/preto	nero
púrpura/roxo	porpora
rosa	rosa
vermelho	rosso
verde	verde

Apêndice 12 – Canções
Appendice 12 – Canzoni

Tanti Auguri

Tanti auguri a te,
Tanti auguri a te,
Tanti auguri a _____,
Tanti auguri a te,
Tanti auguri a papà,
Tanti auguri a mamma,
Tanti auguri a _____,
Tanti auguri a te,

Nel blu dipinto di blu
D. Modugno e F. Migliacci

Penso che un giorno così non ritorni mai più:
mi dipingevo le mani e la faccia di blu,
poi d' imporvviso venivo dal vento rapito
e incominciavo a volare nel cielo infinito...

Volare...oh!,oh!...
Cantare...oh,oh,oh oh!
nel blu dipinto di blu,
felice di stare lassù

E volavo, volavo felice più in alto del sole ed ancora più su,
mentre il mondo pian piano spariva laggiù,
una musica dolce suonava per me...

Volare...oh!,oh!...
cantare...oh,oh,oh oh!
nel blu dipinto di blu,
felice di stare lassù.

Ma tutti i sogni nell'alba svaniscono perchè,
quando tramonta la luna ritorna con sé.
ma io continuo a sognare negli occhi tuoi belli,
che sono blu come un cielo trapunto di stelle.

Volare...oh!,oh!...
cantare...oh,oh,oh,oh!
nel blu dipinto di blu,
felice di stare quaggiù.

E continuo a volare felice più in alto del sole ed ancora più su,
mentre il mondo pian piano scompare negli occhi tuoi blu,
la tua voce è una musica dolce che suonava per me...

Volare...oh!,oh!...
cantare...oh,oh,oh,oh!
nel blu dipinto di blu,
felice di stare quaggiù.

nel blu degli occhi tuoi blu,
felice di stare quaggiù,
con te!

Fratelli d'Italia – Hino italiano
G. Mameli

Fratelli d'Italia
l'Italia s'è desta
dell'elmo di Scipio
s'è cinta la testa.

Dov'è la vittoria?
le porga la chioma
che schiava di Roma
Iddio la creò.

Stringiamci a coorte
siam pronti alla morte
siam pronti alla morte
l'Italia chiamò.

Stringiamci a coorte
siam pronti alla morte
siamo pronti alla morte
l'Italia chiamò. Sì!

Vita Spericolata
Vasco Rossi

Voglio una vita maleducata
di quelle vite fatte, fatte così
voglio una vita che se ne frega
che se ne frega di tutto sì
voglio una vita che non è mai tardi
di quelle che non dormono mai
voglio una vita di quelle che non si sa mai.

E poi ci troveremo come le stars
a bere del whisky al Roxy bar
o forse non c'incontreremo mai
ognuno a rincorrere i suoi guai
ognuno col suo viaggio
ognuno diverso
e ognuno in fondo perso
dentro i fatti suoi!

Voglio una vita spericolata
voglio una vita come quelle dei film
voglio una vita esagerata
voglio una vita come Steve Mc Queen
voglio una vita che non è mai tardi
di quelle che non dormi mai
voglio una vita, la voglio piena di guai!!!

E poi ci troveremo come le stars
a bere del whisky al Roxy bar
oppure non c'incontreremo mai
ognuno a rincorrere i suoi guai
ognuno col suo viaggio
ognuno diverso
e ognuno in fondo perso
dentro i fatti suoi!

Voglio una vita maleducata
di quelle vite fatte così
voglio una vita che se ne frega
che se ne frega di tutto sì!!!
Voglio una vita che non è mai tardi
di quelle che non dormi mai
voglio una vita
vedrai che vita vedrai!!!

E poi ci troveremo come le star
a bere del whisky al Roxy bar
o forse non c'incontreremo mai
ognuno a rincorrere i suoi guai!!!

Voglio una vita spericolata
voglio una vita come quelle dei film
voglio una vita esagerata
voglio una vita come Steve Mc Queen
Voglio una vita maleducata
di quelle vite fatte così
voglio una vita che se ne frega
che se ne frega di tutto sì!!!

Liberi... Liberi
Vasco Rossi e Tullio Ferro

Ci fosse stato
un motivo per stare qui
ti giuro sai
sarei rimasto sì
son convinto che se
fosse stato per me
adesso forse sarei laureato
e magari se "lei"...
fosse stata con me
adesso....
... sarei sposato!

Se fossi stato,
ma non sono mai stato così
insomma dài
adesso sono qui!
Vuoi che dica anche se
soddisfatto di me
in fondo in fondo non sono mai stato
"soddisfatto" di che
ma va bene anche se
qualche volta mi sono sbagliato...

Liberi liberi siamo noi
però liberi da che cosa
chissà cos'è?....... chissà cos'è!
Finché eravamo giovani
era tutta un'altra cosa
chissà perché?....... chissà perché!
Forse eravamo "stupidi"
però adesso siamo "cosa"...
che cosa.... che?..... che cosa... se!..?...
"quella voglia", la voglia di vivere
quella voglia che c'era allora...
chissà dov'è! .... chissà dov'è!?

Che cos'è stato
cos'è stato a cambiare così?
mi son svegliato ed era tutto qui....

vuoi sapere anche se
soddisfatto di me
in fondo in fondo non sono mai stato
"soddisfatto" di che
ma va bene anche se....
se alla fine il passato è passato!

Liberi Liberi siamo noi
però liberi da che cosa
chissà cos'è.... chissà cos'è!
... e la voglia, la voglia di ridere
quella voglia che c'era allora
chissà dov'è?!.... chissà dov'è!

Cosa diventò, cosa diventò
quella "voglia" che non c'è più!

Cosa diventò, cosa diventò
che cos'è che ora non c'è più!

Cosa diventò, cosa diventò
quella "voglia" che avevi in più.

Cosa diventò, cosa diventò
e come mai non ricordi più.....

Apêndice 13 – Falsos amigos
Appendice 13 – Falsi amici

Falsos amigos	O que quer dizer	O que não quer dizer
A		
allora	então	agora
andare	ir	andar
apposta	propositadamente	aposta
appuntamento	encontro	apontamento
aula	sala de aula	aula/lição
avocado	abacate	advogado
B		
baffo	bigode	bafo
banca	banco de dinheiro	banca de jornal
becco	bico	beco
birra	cerveja	birra
boia	carrasco	boia
bollo	carimbo	bolo
brocca	jarra	broca
burro	manteiga	animal

Falsos amigos	O que quer dizer	O que não quer dizer
C		
calda	quente	calda
calo	diminuição	calo
calza	meia	calça
carta	papel	carta/carta de jogar
colare	coar	colar
conto	cálculo/conta	conto
coppia	par/casal	cópia
D		
dito	dedo	dito (verbo dizer)
derubare	roubar/furtar	derrubar
E		
enfiare	inflar	enfiar
esperto	experto	esperto
espiare	expiar	espiar
F		
fede	fé	fede (verbo feder)
feriale	útil (dia de trabalho)	férias
fino	até	fino
frizzo	piada	friso
G		
gamba	perna	gambá
gelato	sorvete	gelado
genero	genro	gênero
giacca	casaco/paletó	jaca
gola	garganta	gola de camisa
granello	grãozinho	granel
I		
imburrare	untar com manteiga	emburrar
indossare	vestir	endossar
ingrassare	engordar	engraçar
impigliare	emaranhar	empilhar

Falsos amigos	O que quer dizer	O que não quer dizer
L		
lama	lâmina	lama
lanciare	lançar	lanchar
lasso	período	laço
lei	ela	lei
lettiera	cabeceira da cama	leiteria
liscio	liso	lixo
lupa	loba	lupa
M		
macchiare	manchar	maquiar
mai	nunca	mais
mancare	faltar	mancar
mancia	gorjeta	mancha
manco	canhoto	manco
manteca	pomada	manteiga
N		
negozio	loja	negócio
netto	limpo	neto
O		
oliera	galheteiro	olheira
ora	agora	hora
P		
paio	par	paio (tipo de linguiça)
parcella	honorários	parcela
patto	pacto	pato
pipa	cachimbo	pipa
prato	campo	prato
pregiudizio	preconceito	prejuízo
prima	antes	prima
R		
ragno	aranha	ranho
riattare	consertar	reatar
rifare	refazer	rifar
ripresa	retomada/recomeço	represa
rotolare	rolar	rotular

Falsos amigos	O que quer dizer	O que não quer dizer
S		
saia	sarja	saia
salire	subir	sair
salita	subida	saída
sciare	esquiar	chiar
soma	carga	soma
sopra	sobre/em cima	soprar
squisito	delicioso	esquisito
staccare	arrancar	estacar
subire	suportar	subir
T		
tacco	salto (de sapato)	taco
teglia	tigela	telha
testa	cabeça	testa
V		
veglia	vigília	velha
vinco	vime	vinco
vizzo	murcho	vício
Z		
zampare	espernear	zampar

Este livro foi impresso nas oficinas gráficas da Editora Vozes Ltda.,
Rua Frei Luís, 100 – Petrópolis, RJ.